JN116858

はじめての
ソーシャルメディア論

白土由佳

三和書籍

はじめに

『はじめてのソーシャルメディア論』にようこそ

新しいメディアの登場は、いつも恐れられます。例えば、スマートフォン、ソーシャルメディア、インターネット、ウォークマン、テレビ、ラジオ。どのような時代でも、注目を集める新たなメディアは、いつも恐れられ、社会に悪い影響を及ぼすのではないかと考えられました。かつて、古代ギリシアの哲学者ソクラテスは、筆記は学ぶものに忘却をもたらすとして文字を批判したとさえ言われています（金山 2012）。ソクラテスほどの人物でも、新たなメディアの登場には敏感だったことが窺えます。

しかし、新たなメディアが登場することで、社会は一方的に揺さぶられ、私たちは大きな影響を被るのでしょうか。そうではありません。メディアとは、社会との絶え間ない相互関係を通じて形成されていくものです。したがって、メディアを理解するためには、世代や国などのさまざまな文化的背景が重層的に重なり合う今日の状況に即した視点が求められます。

メディア研究者の水越伸は、欧米の理論や思想に日本の状況を当てはめるのではなく、日本のポピュラー文化溢れる文化的背景に特徴的な問題群を起点としたメディア研究の必要性を指摘しています（水越伸 , 飯田 , and 劉 2018）。本書は、そのようなメディア論の考え方の延長線上に位置付けられます。本書では、日本におけるソーシャルメディアのあり方を中心に据え、適宜他国の状況と比較をしながら、まずは私たちの身近な社会とソーシャルメディアの関係を理解していくことを目指します。

今日の日本社会とソーシャルメディアを考えるにあたり、起点とするのは私たち一人ひとりのメディア実践です。それは、本書でこれから学んでいくとおり、そしておそらくみなさんが既に実感を覚えているように、ソーシャルメディアは使われ方や役割が非常に多様なためです。2023年現在のInstagramを例にすると、親しい友人の近況を理解する手立てでもあり、LINEよりも気軽なメッセージングサービスでもあり、インフルエンサーのメイクを参考にするための雑誌のような存在でもあり、ユーザの好みを熟知した広告からそのまま洋服を購入するEコマースサービスと捉えることもできるでしょう。皆が画一的な利用をしていないからこそ、起点を自分自身に定め、そこから自分自身の視点でソーシャルメディア論の地図を描いていってほしいと思います。

本書の構成と使い方

ソーシャルメディア論は、それを包含するメディア論と同様に領域横断的であることが求められます。本書でも、社会学、心理学、経営学、工学などさまざまな領域におけるメディア研究の知見を参照しながら、ソーシャルメディアについて考えていきます。

本書は10章から構成されます。第1章は、導入として身近なソーシャルメディアについて理解することを目指し、自身のメディア利用を振り返ります。第2章は、多くのソーシャルメディアを支えるウェブについて学びます。第3章は、メディア論の一部に位置付けられるソーシャルメディア論の視座を得ます。さらに、ソーシャルメディアの特徴を整理し、基本的な3つのメディア特性について理解します。第1章から第3章までは、ソーシャルメディア論の導入編です。

第4章、第5章では、2章にわたってソーシャルメディア史を追います。歴史的な視点での整理を通じて、ソーシャルメディアがどのように発展してきたのかを理解します。

第6章以降では、いくつかの重要な視点からソーシャルメディアについて学んでいきます。第6章はソーシャルメディアを通じたコミュニケーションの特徴を、他メディアとの比較から理解します。第7章では、ネットワーク科学を下敷きに社会構造の捉え方を学びます。第8章は文化です。ソーシャルメディアに表出するライフスタイルや文化の生成を扱います。第9章はソーシャルメディアと政治について、社会運動、選挙、社会の分極化などを議論します。第10章はソーシャルメディアに起因する課題について展望します。

本書は、『はじめてのソーシャルメディア論』というとおり、ソーシャルメディア論の初学者に向けて書かれています。「寄り道」は、資料や映像など、学びを補足する材料です。ぜひ、参照してみてください。また、本書は教科書としての利用を想定し、各章末には演習課題を示しています。毎回の授業課題などにご活用ください。

はじめに

第1章　身近なソーシャルメディア

第2章　ウェブとソーシャルメディア

第3章　ソーシャルメディア論の視座

第4章　ソーシャルメディア史（前半）

第5章　ソーシャルメディア史（後半）

第6章　ソーシャルメディアとコミュニケーション

第7章　ソーシャルメディアと社会構造

第8章　ソーシャルメディアと文化

第9章　ソーシャルメディアと政治

第10章　ソーシャルメディアに起因する課題

第1章

身近なソーシャルメディア

さて、ソーシャルメディア論をはじめましょう。ソーシャルメディアは、多くのみなさんにとって、生活に欠かすことのできない存在ではないでしょうか。

ソーシャルメディアは世代間での利用傾向に大きな差が出るという特徴があると言われています（木村 2012）。しかし、それだけでなく、同じ世代でも利用傾向はそれぞれであることを、みなさんはなんとなく感じているのではないでしょうか。第1章では、私たち個々人がどのようにメディアと付き合っているかということを改めて認識するところから始めます。

1-1 節　ソーシャルメディアと呼ばれる さまざまなサービス

ソーシャルメディアとは何か、その定義については第3章で詳しくみていきますが、まずは便宜的に、今日の日本においてソーシャルメディアと呼ばれるさまざまなサービスを紹介します。表1は、ソーシャルメディアの種類と代表的なサービス例です。例えばメッセージングサービスのLINEや、売買サービスのメルカリなど、場合によってソーシャルメディアに含まれたり含まれなかったりしますが、おおむねこのようなサービスがソーシャルメディアと呼ばれていると捉えてください。

今日、マスメディアであるテレビ局も、各種ソーシャルメディアのアカウントを活用しているのが一般的です。そのため、マスメディアとソーシャルメディアははっきりと区別できるものではありません。実際、私たちも「マスメディアだから」「ソーシャルメディアだから」と、メディアを意識して見るというわけではありませんね。

まずは、私たちのメディア利用について振り返っていきましょう。

1-2 節　自分のメディア利用を振り返る

みなさんは、1日にどれくらいの時間メディアに接触していますか。四六時中スマートフォンの通知を確認しないと気が済まなかったり、朝は決まった時間に決まったチャンネルのテレビ番組を見たり。

本書では、ソーシャルメディアを中心に扱います。一方で、ソーシャルメディアを理解するためには、ソーシャルメディアだけを対象にすればいいわけではありません。なぜならば、社会におけるメディアの位置付けは、絶えず他のメディアに影響され、刷新され続けるからで

表１　ソーシャルメディアの種類と代表的なサービス例

種類	サービス名
ブログ	Ameba ブログなど
SNS	Facebook、mixi、LinkedIn など
画像・動画	Instagram、TikTok、YouTube、ニコニコ動画、BiliBili、Flickr など
メッセージング	LINE、WhatsApp、WeChat など
掲示板	5 ちゃんねる、爆サイ .com、Reddit など
知識・クチコミ	Yahoo! 知恵袋、価格 .com、食べログ、クックパッドなど
売買	メルカリ、minne、ジモティー、Creema など
短文テキスト	X/Twitter、Weibo、Mastodon、Bluesky、Threads など
ソーシャルブックマーク	はてなブックマークなど

す。電話を例に考えてみましょう。かつて、家庭用据え置き電話は親密な関係において最も使用されたメディアの１つでした。その後、据え置き電話の持ち運び手段として登場したケータイが家庭用据え置き電話に代わりましたが、さらに日本では、90 年代半ばのポケベル文化を経て、特に若者世代は通話よりも文字をコミュニケーションに用いるというモバイル文化を生み出したといわれています。

このように、ソーシャルメディアを理解するためには、それ以外のメディアについても理解を深める必要があります。そこで、まず初めに自身のメディア利用を振り返ってみましょう。特に、ソーシャルメディアと切っても切れない関係のスマートフォンに注目します。みなさん個々人がどのようにメディアを使っているかを起点としてメディアとメディアの関係に迫っていきたいと思います。

さて、自身の1日のメディア利用を振り返ってみましょう。典型的な1日を想定して起床から就寝までの流れを思い起こし、スマートフォンのスクリーンタイム機能などを活用して、1日のメディア利用時間と内容を振り返ってみてください。想像していたよりもずっと多い時間を YouTube に費やしていたなど、意外な点はあったでしょうか。

1-3節　メディア接触の増加

ここで、統計データを確認してみましょう。図1は、「メディア定点調査 2022」によるメディア総接触時間の時系列推移です（博報堂DY メディアパートナーズ メディア環境研究所 2023）。概ね、総メディア接触時間は増加の傾向にあると言えそうです。メディア総接触時間は 443.5 分（1日あたり／週平均）、7時間を超えます。そのうち1番多くを占めるのが携帯／スマホの割合で、三分の一を超えます。私たちのメディア利用の**モバイルシフト**が窺えます。

私たちのメディア接触、特にモバイル機器接触の占める割合は、なぜ増加してきたのでしょうか。理由の1つに、**情報接触環境の変化**が考えられます。場所を選ばないで利用することができるモバイル機器、すなわちスマートフォンやタブレット端末の普及です。

みなさんのメディア接触環境を思い出してみましょう。テレビを観る時はリビングやダイニング、あるいは自室など決まった場所という方がほとんどなのではないでしょうか。それは、テレビが設置されている場所でしかテレビを観ることができないという制約があるからで

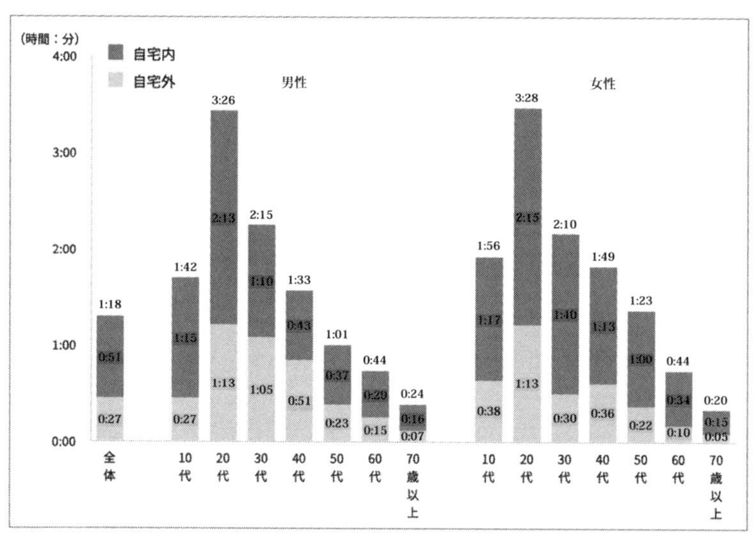

図１　メディア総接触時間の時系列推移（１日あたり／週平均）
（博報堂 DY メディアパートナーズ メディア環境研究所 2023）より引用

す。

しかし、スマートフォンに代表されるモバイル機器は、そのような**場所の制約**を取り払ってしまいました。通学途中の電車の中、リビングで家族とくつろぎながら、自室で、あるいはトイレで、と、あらゆる場所にスマートフォンを持参する方は決して少なくないことでしょう。米社会学者のシェリー・タークルは、このように、あらゆる場所にスマートフォンを持参するようになった結果、駅も公園も公共スペースではなく、ただ**社会が集積する場所**になったと指摘します（タークル 2018)。同じ場所に集まるものの、互いに言葉は交わさず各々がモバイル機器で向こう側とつながっている状況においては、場所の意味も変容します。

寄り道：街中で個室を歩く

場所の制約を取り払ったメディアとして社会に影響を与えたのは、スマートフォン（あるいは携帯電話）が初めてではありませんでした。それは、ポータブルオーディオプレイヤーです。カセットテープタイプの初代ウォークマンがソニーから誕生したのは1979年のことでした。それまで、音楽を聴くためには部屋に設置したオーディオ機器を使う必要がありましたが、ウォークマンならどこでも音楽を聴くことができます。街中でイヤフォンを耳に挿し、雑踏の音ではなく自分だけの音楽を聴く様は、その場にいながらその場にいない、音楽によって作られた個室の中にいながら歩くこともできるという非常に新しいメディア体験でした。

このような個室性に対する関心では、社会学者の中野は自動車もまた移動する個室であると指摘しました。そして、一人ひとりがその個室から情報端末を通じてまわりの人とつながり合うカプセル人間の時代の到来を論じています（平野 and 中野 1975）。

▼ソニーグループポータル：商品のあゆみ ― パーソナルオーディオ

場所の制約が取り払われた結果、メディア機器に対する**すきま接触**が増えました。すきま接触によるメディア利用時間の増加は、スマー

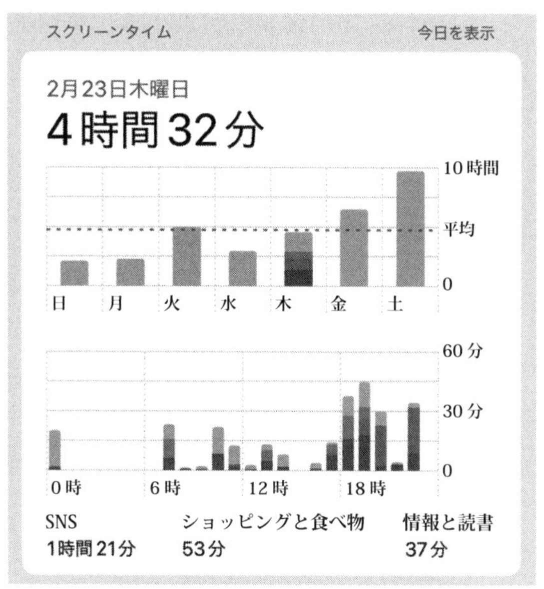

図2　スクリーンタイムの例

トフォン利用状況のスクリーンタイムからも明らかですね。授業と授業のあいまに通知を確認したり、あるいは駅のホームで電車を待つ間にX/Twitterのタイムラインを更新したり。SNSに区分される時間が1日の中でまんべんなく登場している方が多いのではないでしょうか（図2）。

移動の社会学によって知られるジョン・アーリは、現代社会において、それまで支配的だったクロック・タイムから、同時的でない個々人の**瞬間的時間**が拡大すると議論しています（アーリ 2006）。例えば、テレビ番組の視聴は同時ではなく録画等によって任意の時間に可能となり、放送のスケジュールによって社会で共有されていた時間から個人それぞれが過ごす時間が可能となったという指摘です。その意味で、私たちはまさに、駅のホームや教室などあらゆる場所で、スマートフォンの利用を通じて瞬間的時間を過ごしていると捉えることができるでしょう。同じ空間にあってもそれぞれが瞬間的時間を過ごしている時、私たちはただその場に積み重なっているだけで、同じ空間に過ごしているとは言えない状況にあります。

さらに、テレビを見ながら X/Twitter で実況するし、LINE や Discord で通話をつなげたまま Netflix を見ておしゃべりする。複数機器を行き来したり、時には同時に使用するのも今日のメディア利用の特徴です。タークルは、このように**常時接続**を当たり前と捉える若者の情報行動について、**つながることを待機している状態**で生活していると表現しました（タークル 2018）。リビングでくつろいでいる時、通学途中の電車の中、スマートフォンに届く通知はくつろぎや通学を遮る存在ではありません。通知は邪魔な存在ではなく、瞬間的時間を過ごすための合図なのです。

常時接続が当たり前となった今日、私たちは互いに**保留可能**になったとも言われています（タークル 2018）。会って誰かと話していても、通知がきたらそれを優先することに躊躇いがない。目の前の人を保留することは、モバイル機器が普及する以前には失礼と捉えられることもありましたが、今ではさほど気にしないことが一般化しつつあります。それは、私たちが常時接続しており、いつでもオンラインからの通知によって瞬間的時間を過ごし得ることが了解されているからだと考えられます。

1-4 節　受動的／能動的情報接触

私たちは、すきま時間に何度もスマートフォンをチェックし、時にはいくつもの機器を行き来しながらメディア接触し、1 日のメディア総接触時間は伸びるばかりです。では、どのようにメディアに接触しているのか。**ニュースに関するメディア接触**を例に考えていきます。

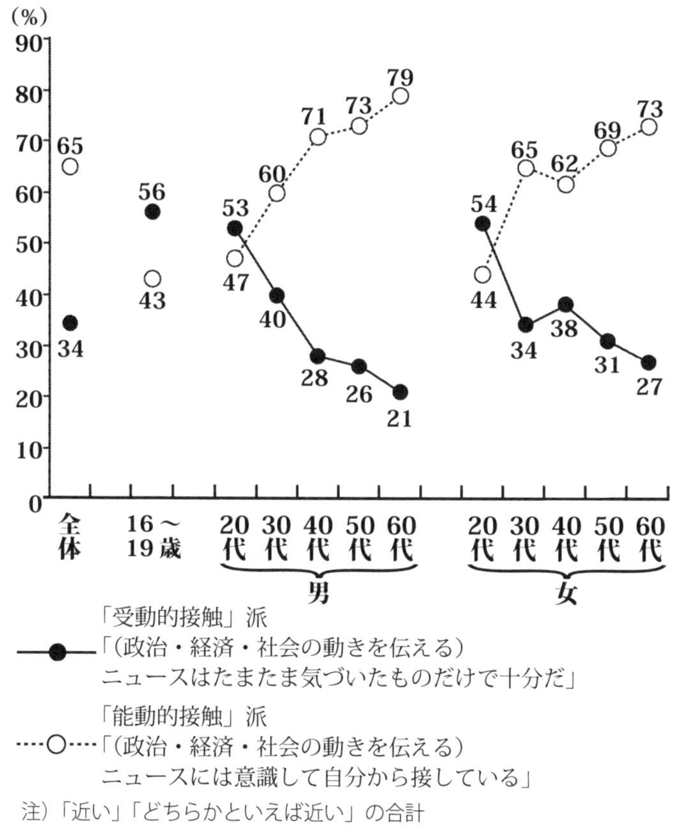

図３　情報に対する意識（受動的／能動的接触）（保高 2018）より引用

NHK 放送文化研究所による「情報とメディア利用」世論調査の結果を見てみましょう（保高 2018)。図３は、ニュースをどのように得るかについての調査結果です。ニュースはたまたま気づいたものを観るので十分だと考える**受動的接触派**と、ニュースには意識的に自ら接している**能動的接触派**がおり、世代によって大きな差があることがわかります。若い世代には受動的接触派が多く、高齢世代に近づくにつれて能動的接触派が増えていきます。この調査はニュースを対象に接触方法を聞いていることから、ニュースをどのようなものだと捉えているか、もう少し広い意味では「身の回りや世の中の出来事について知るためにどのようなスタンスでいるか」の違いとも言えそうです。

受動的接触派は、ニュースアプリの通知やソーシャルメディアのタイムラインで十分というタイプです。能動的接触派は、意識的に新聞などを読むというタイプです。ニュースアプリの通知やソーシャルメディアのタイムラインに流れてくるコンテンツは、ユーザの行動履歴に基づいた情報推薦が行われていることから、みなさんが読むだろうと推測される、少し乱暴に言い換えると、関心がありそうなコンテンツばかりが流れてきます。もちろん、新聞にも、それぞれ社の思想や傾向があることは、既にみなさんもご存知の通りですね。ただ、新聞よりもパーソナライズされた情報推薦の力が強いのが、受動的接触による情報接触の傾向です。

ここで、ニュース記事を読む手段についての調査結果を見てみましょう。図4は、総務省による令和4年度版情報通信メディアの利用時間と情報行動に関する調査より引用した、テキスト系ニュースサービスの利用状況のグラフです（総務省情報通信政策研究所 2023)。紙の新聞は10代、20代の利用率が低く、世代が上がるにつれて増えています。図3で確認した、世代が上がるにつれて能動的接触が増えているという情報接触の傾向が、ニュースサービスの選択にも現れています。一方で、ポータルサイトやソーシャルメディアによるニュース配信は、新聞に比べ全体的に利用度が高い傾向にあります。オンラインを通じたニュース接触はどの世代にも広く普及しつつある一方、能動的接触派は情報推薦されるニュースに留まらず、能動的接触手段も併用しているのかもしれません。

続いて、図5はどのような内容のニュースに接触したいかについての調査結果です。自分の好きなものに対する情報は好意的なもののみ

	①	②	③	④	⑤	⑥	⑦
全年代（N=1,500）	39.1%	4.8%	13.7%	74,1%	49.0%	20.3%	6.7%
10代（N=140）	16.4%	0.0%	5.7%	57.9%	57.9%	15.7%	17.9%
20代（N=217）	13.8%	4.6%	10.1%	63.1%	65.9%	20.7%	8.8%
30代（N=245）	20.4%	6.5%	11.4%	78.8%	51.8%	21.6%	7.3%
40代（N=319）	39.8%	6.9%	16.0%	85.3%	46.4%	21.3%	3.4%
50代（N=307）	56.0%	5.2%	18.6%	82.1%	43.6%	23.1%	3.6%
60代（N=272）	67.6%	2.9%	14.7%	64.7%	37.5%	16.9%	6.3%
男性（N=760）	40.7%	6.7%	15.0%	76.2%	40.8%	23.0%	7.5%
女性（N=740）	37.4%	2.8%	12.4%	71.9%	57.4%	17.6%	5.9%

①：紙の新聞

②：新聞社の有料ニュースサイト

③：新聞社の無料ニュースサイト

④：ポータルサイトによるニュース配信

⑤：ソーシャルメディアによるニュース配信

⑥：キュレーションサービス

⑦：いずれの方法でも読んでいない

図４　【令和４年度】利用しているテキスト系ニュースサービス（全年代・年代別・男女別）（総務省情報通信政策研究所 2023）より作成

知りたいという**選択的接触派**と、自分の好きなものに対する情報は否定的な意見も知りたいという**両論接触派**で分けると、図３と同様に世代で傾向が異なることがわかります。

　元来、人間には自らの見解を強化する情報を好む傾向があり、**情報の選択的接触**ないしは**確証バイアス**などと呼ばれています。

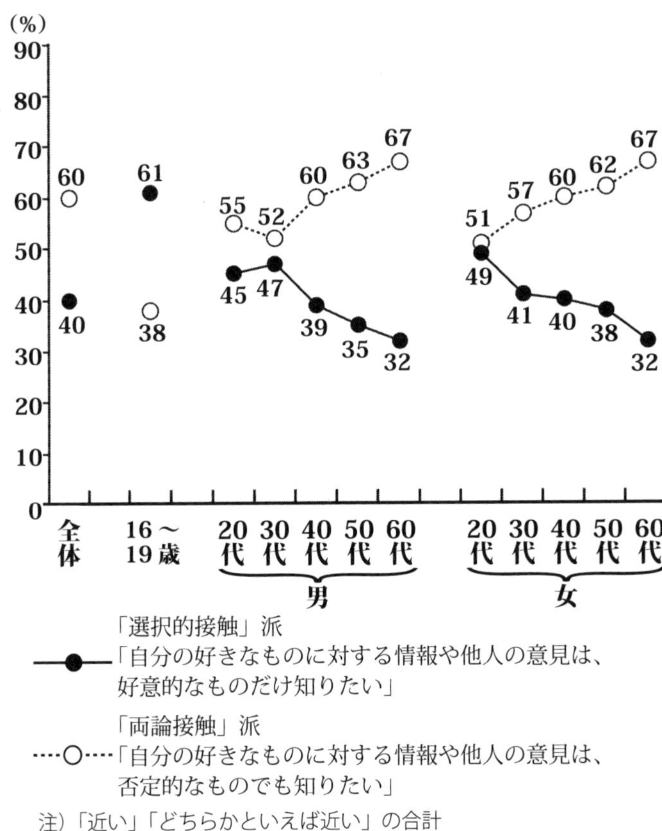

図5　情報に対する意識（選択的／両論接触）（保高 2018）より引用

もともと情報の選択的接触という傾向を持つ私たちは、ソーシャルメディアを通じてフォローする対象を自分で選択することができます。さらに、ソーシャルメディアのフィードには、ユーザの行動履歴に基づいた情報推薦によるコンテンツが並びます。自分が好ましいと感じる情報のみで世間を満たすには、今日の社会は非常に適しているとも言えます。

一方で、自分の好きなものに対する情報は好ましいものではないものにも触れたい両論接触派は、世代が上がるにつれて増えていっています。極端な意見や好ましい意見ばかりに囚われてしまうと適切に社会状況を知ることができない、自分が好ましいと思う対象について社会の評価を知りたいなど、理由はさまざまありそうです。

図３および図５から、情報接触のタイプは概ね世代で差がでている様子がわかりました。少なくとも、若者世代と高齢者世代の情報接触のスタンダードを想定すると､そこには違いがありそうです。しかし、１日のメディア利用を振り返ってみると、同世代の中でもメディア利用の傾向は実にさまざまあることがわかります。24 ページに示す演習 1-1 の結果を、ぜひまわりの人と共有してみてください。

第１章では、私たちのメディア接触にはさまざまな傾向があり、自分にとってのふつうが必ずしも社会全体のふつうではないことを起点に、メディア接触量の増加や接触する内容について事例を紹介しました。次章から、徐々に視点を広げてソーシャルメディアについて考えていきましょう。

寄り道：ポール・ラザースフェルド『ピープルズ・チョイス』

1948 年､ポール･ラザースフェルドは『ピープルズ･チョイス』にて、1940 年の米国大統領選挙におけるマスメディアの選挙キャンペーンの影響について分析し、有権者はもともと自身が持ち合わせている考えに合致する情報に接触する傾向があることを論じました。ラザースフェルドによって、メディア効果研究において情報の選択的接触への視点が生まれました。

演習

演習 1-1

自身の1日のメディア利用を振り返ってみましょう。典型的な1日を想定して起床から就寝までの流れを思い起こし、スマートフォンのスクリーンタイム機能などを活用して、1日のメディア利用時間の合計／スマートフォンの利用時間と内容／マスメディア等の利用時間と内容を説明してください。

演習 1-2

身の回りや社会の出来事をどのようにチェックしていますか。情報に対する意識について、受動的／能動的接触、選択的／両論接触の2つの観点から具体事例を交えて説明してください。

第2章

ウェブとソーシャルメディア

第１章では、モバイル機器の普及によって場所の制約が取り払われ、すきま接触が増えていることを理解しました。情報接触環境の変化が、メディア接触の量･質ともに変化させています。

もう１つ、スマートフォンに代表されるモバイル機器がメディア接触のあり方を変えたものがあります。それは、インターネットに支えられる各種サービスの使い方です。ソーシャルメディアなどインターネットに支えられる各種サービスは、スマートフォンから使うことで、PC のブラウザから利用するのとは違ったユーザ体験を提供しています。

第２章では、スマートフォンをどのように使っているかという観点から始まり、ソーシャルメディアを支えるインターネットやウェブについて学びます。

2-1 節　スマートフォンと習慣化技術

みなさんは普段、X/Twitter や Instagram、TikTok などをどのような環境で使用しますか？　多くの方がスマートフォンなどのモバイル機器のアプリからではないでしょうか。

爆発的なスマートフォン普及前、ソーシャルメディアはパソコンないしは携帯電話（フィーチャーフォン、ガラケー）から閲覧されていました。どちらもブラウザからアクセスする形で、現在のように専用アプリを通じたアクセスではありませんでした。

ここで、ソーシャルメディアを使用する機器そのものについて考えてみましょう。スマートフォンの大きな特徴はタッチスクリーンです。スマートフォンやタブレット端末を持っている方は、手元に出して、任意のソーシャルメディアを開いてください。もちろん、好きな投稿があれば「いいね」をしても構いません。いつもと同じように使ってみてください。

さて、手の動きについて注目します。スマートフォンのロックを解除し、アプリをタップ、投稿をスクロールして閲覧し、時にはダブルタップで「Like」、気に入らないものはスワイプして次に進みます。一通り既読になれば、タップ＆リリースで新しい投稿がないか更新します。これらの手の動きは、まったくの無意識でやっているのではないでしょうか？　時には、移動中や退屈な授業中に、気になることがあるわけでもないのに、ついついアプリをタップ、スクロール……という経験をしたことがある方は少なくないのではないでしょうか。

私たちが無意識でスマートフォンの画面をタップ、スクロールしてしまうのは、**習慣化技術**としてスマートフォンが存在しているからだと考えられています（木村 2023）。みなさんがスマートフォンを初めて手にした時、Instagram でファッションの投稿を見たい、LINE で

寄り道：オードリー・タン（唐鳳）とスマートフォン

台湾のデジタル担当大臣を務めるオードリー・タン（唐鳳）は、スマートフォンを利用しないようにしていることで有名です。その理由として、画面を直接タッチやスワイプすることは自身のコントロールが効かなくなることにつながると説明しています（堤 and タン 2022）。習慣化技術としてスマートフォンを捉えた上で、どのように付き合っていくかの線引きをしている例と言えるでしょう。

友人に連絡をしたい、など、明確な目的があったことでしょう。そして、肌身離さず手にしているスマートフォンで、１日に何回も同じ行動を重ねることを通じて、いつの間にか私たちは、タップやスクロールすることで**情報的報酬**が得られると認識してしまったのです。こうして形成された「**チェックする習慣**（Oulasvirta et al. 2012）」は、私たちの指先を無意識にスマートフォンに向かわせ、たとえ明確な目的がなくても、タップとスクロールを繰り返させます。

では、どのような場面や状況で「チェックする習慣」があるでしょうか。朝起きたら布団の中で、スキンケアやメイク中、電車やバスでの移動中、テレビを見ながらなど、場所や時間などさまざまな状況が想像できます。第１章でも触れたとおり、私たちが常時接続を前提としており、つながることを待機している状態で生活しているからこそ、すきま時間にチェックをしてしまうのです。

2-2 節　コミュニケーション資本主義

私たちは、なぜ、四六時中スマートフォンをチェックしてしまうのでしょうか。言い換えると、ソーシャルメディアをはじめとする**デジ**

タルプラットフォーム（インターネット上でサービス等が提供される場）は、なぜ、私たちに情報的報酬が得られると認識させるのでしょうか。それは、各サービスを持続させるためには資金が必要であり、多くのデジタルプラットフォームにおいて、その資金は主に**広告収入**で賄われているからです。デジタルプラットフォーム上の広告収入は、ユーザの**アクセス数（PV、ページビュー）**に依存します。第5章で詳しくみていくように、デジタルプラットフォーム上のページが閲覧されればされるほど広告収入の増加につながるため、広告技術の発展がインターネットを支えたという背景があります。

デジタルプラットフォームへのアクセス数を増やすためには、ユーザの関心を惹き、高頻度でプラットフォームにアクセスさせる仕組みが必要です。例えばFacebookでは、タイムラインを時系列ではなく、各ユーザの関連度順にすることでそれを実現しました。LINEは、他のメッセージングサービスとの差異を明確化するために、スタンプをコミュニケーション手段として導入しました。いずれのサービスも、より多くのアクセス、すなわちプラットフォーム上でのコミュニケーションが生まれることを目指して設計されています。このように、人々の行動を無意識のうちに枠づけるデジタルプラットフォームの設計を、ローレンス・レッシグは**アーキテクチャ**と呼びました（レッシグ 2007）。デジタルプラットフォーム上での私たちのコミュニケーションはアーキテクチャによって規定され、それぞれのプラットフォーム上での**コミュニケーション量の最大化**が目指されているのです。

とはいえ、私たちの時間は有限で、等しく1日24時間しか与えられません。そのため、サービス間でユーザのコミュニケーションの奪い合いが生まれます。このような状況、すなわちユーザの関心の奪い合いが経済的な価値につながることを**アテンション・エコノミー（関心経済）**（Wu 2016）と呼びます。私たちの関心をどれだけ集められるかが経済的な成果に直結するのです。

私たちの関心を呼ぶ強力な手段の1つが**プッシュ通知**です。次節では、アテンション・エコノミーからはじまり、ソーシャルメディアにどのようにアクセスするかについて、現在から過去へ遡ってみましょう。

2-3節 （ソーシャル）メディアの入口の変遷

本節では、（ソーシャル）メディアにどのようにアクセスするかについて、その入口と特性について、現在から過去へ遡ります。

現在のソーシャルメディアの入口として最も一般的なのは、スマートフォンの専用アプリではないでしょうか。専用アプリの特徴は、なんと言っても**プッシュ通知**です（図6）。

なぜ、さまざまなアプリがプッシュ通知をするのでしょうか。もちろんそのアプリを開いてほしいから、コンテンツを閲覧したりコミュニケーションをしてほしいからです。なぜコンテンツを閲覧したりコミュニケーションをしてほしいか、それは、サービスを維持するためです。乱暴に言えば、サービスを使ってもらうほどに広告閲覧などを通じて儲かるからですね。前節で説明した通り、アテンション・エコノミーがその背景にあります。

図6　ソーシャルメディアからのプッシュ通知の例

私たちは、実にさまざまな数多くのサービスに囲まれて日々を過ごしています。そのサービス群は、私たちの24時間を奪い合い、とにかく自サービスに少しでも多くの時間を割いてもらうためにプッシュ通知でみなさんの関心を引こうとしています。その意味で、**プッシュ通知とは外部からもたらされる強制的な情報的報酬**とも言えそうです。

第1章では、モバイル機器が場所の制約を取り払った結果、メディアに対するすきま接触が増えたという話を取り上げました。しかし、場所の制約からの解放だけがすきま接触を増やしたわけではありません。プッシュ通知もまた、すきま接触を増やした存在の1つです。私たちのすきま時間を狙って「あなたに関心のありそうなコンテンツはこれでしょう？」と通知をし、通知が来たらチェックする習慣を強化しようとしているのです。通知が来たら、すきま時間が数十秒でもチェックしてしまうという人もいるのではないでしょうか。こうして、私たちの時間はよりマイクロに切り刻まれていっています。

図6ではX/Twitterからのプッシュ通知の例を示しました。X/Twitterを例にすると、サービス開始当初の2007～09年頃には今とは少し違った使われ方をしていました。ちなみに、スマートフォンの普及状況について総務省の調査が始まったのは2010年からですが、2010年当初のスマートフォン世帯保有率は10%程度でした（図7）（総務省 2020）。

2007年～09年のサービスが始まった当初、X/Twitterへの入口、すなわちX/Twitterの利用環境はパソコンが主流でした。新しい技術に関心のあるエンジニアや研究者、時間に余裕のある大学生など、**パソコンに向かい合っている長い時間の合間**に、ブラウザやサードパーティ製（X/Twitter社以外によって作られた）ソフトウェアからアクセスするといった形が多かったようです。

ちなみに、2007年のX/Twitterの紹介文は「肩がこらない独り言ブログ」でした。サービス開始当初のX/Twitterは、“What are you

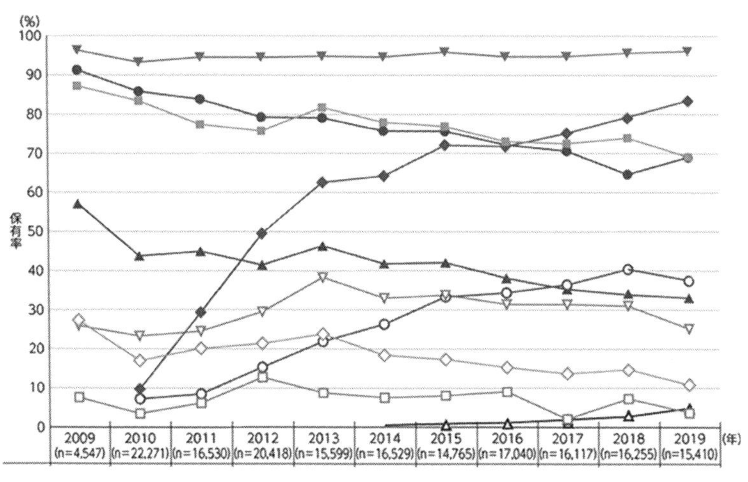

	2009	2010	2011	2012	2013	2014	2015	2016	2017	2018	2019
●	91.2	85.8	83.8	79.3	79.1	75.7	75.6	72.2	70.6	64.5	69.0
▲	57.1	43.8	45.0	41.5	46.4	41.8	42.0	38.1	35.3	34.0	33.1
▼	96.3	93.2	94.5	94.5	94.8	94.6	95.8	94.7	94.8	95.7	96.1
◆	-	9.7	29.3	49.5	62.6	64.2	72.0	71.8	75.1	79.2	83.4
■	87.2	83.4	77.4	75.8	81.7	78.0	76.8	73.0	72.5	74.0	69.1
○	-	7.2	8.5	15.3	21.9	26.3	33.3	34.4	36.4	40.1	37.4
△	-	-	-	-	-	0.5	0.9	1.1	1.9	2.5	4.7
▽	25.9	23.3	24.5	29.5	38.3	33.0	33.7	31.4	31.4	30.9	25.2
◇	27.3	17.0	20.1	21.4	23.8	18.4	17.3	15.3	13.8	14.2	10.8
□	7.6	3.5	6.2	12.7	8.8	7.6	8.1	9.0	2.1	6.9	3.6

● 固定電話
▲ FAX
▼ モバイル端末全体
◆ スマートフォン
■ パソコン
○ タブレット型端末
△ ウェアラブル端末
▽ インターネットに接続できる家庭用テレビゲーム機
◇ インターネットに接続できる携帯型音楽プレーヤー
□ その他インターネットに接続できる家電（スマート家電）等

図７　情報通信機器の世帯保有率の推移　（総務省 2020）より引用

doing?（「**今、何してる？**」）”をつぶやく、ただ短文を投稿できるというだけのサービスでした。パソコンの前に長い時間いる人同士がつぶやきを共有するサービスという存在だったのです。

もう少し遡り、かつて日本で最も隆盛を極めたmixiについて紹介しましょう。mixiは2004年にサービスが開始された、招待制のSNS（ソーシャルネットワーキングサービス）で、当時はログインしないとコンテンツを閲覧できない、言い換えると、投稿内容がGoogle検索の結果に表示されないサービスでした。

最も流行した時期、サービスのメイン機能は「日記の公開と閲覧時のあしあと」でした。あしあととは、日記を書き、それをフレンドの誰が閲覧したかの記録が残るという、Instagramのストーリーズにある機能と同様のものですね。mixiは、**特定多数へ向けた交換日記**のようなサービスでした。

mixiもX/Twitterと似たような環境で使われていました。パソコンか、あるいはモバイル端末（ガラケー、フィーチャーフォン）です。あしあとが気になってmixiに何度もアクセスしてしまう**mixi疲れ**なる言葉まで生まれました（岡田 2006a）。

mixiのように、コンテンツ閲覧のためにログインが必須のサービスは、それまでのインターネットのカウンターカルチャー的な存在でもありました。mixiが流行しはじめた2000年代半ばはWeb2.0と呼ばれる時期でもあり、それまで（Web1.0と呼ばれる、90年代半ばから00年代前半）のウェブに比べ、手軽に参入できるようになったため、多くの人が「**世界中に向けてオープンに**」発信することに大きな可能性を見出す潮流があったためです。その象徴がブログです。

ブログは元々weblogと呼ばれており、web+log、つまりwebに残すlogのことですね。ここでようやく**ウェブ**という言葉が出現しました。多くのソーシャルメディアは、ウェブにサービスを構築しています。現在のモバイル機器向けソーシャルメディアアプリはURLの表示がないものがほとんどのため、ウェブにアクセスしているという印象がない方もいるのではないでしょうか。

ブログに代表されるCMS（Content Management System）は、誰もが**発信者**になれるという意味において重要な存在でした。このような技術革新以前、すなわちWeb1.0の時代には、サーバの知識やHTML言語の習得をしなければ、ウェブに発信することはできなかったのです。

ここまで、（ソーシャル）メディアにどのようにアクセスするかについて、現在からざっと遡ってきました。こうして眺めてようやく、ソーシャルメディアがウェブに支えられる技術であることがわかります。

2-4節　インターネットとウェブ

前節で、ソーシャルメディアがウェブに支えられた技術であることについて、ソーシャルメディアへの入口を辿るという方法で確認してきました。スマートフォンの普及以降、ソーシャルメディアへのアクセスは個別アプリが主流となり、ウェブやインターネットに支えられた場であるという認識を持つ機会に乏しくなりました。

オンライン上でのコミュニケーションには、元々はサーバやHTML言語といった知識が必要という技術的制約が存在していました。それを乗り越えたのがWeb2.0と呼ばれる時期で、インターネット空間は一般の人々が世界中に発信できるという希望に満ちていました。一方で全世界の人に向けた公開以外のオンラインコミュニケーションも模索され、身近な特定多数に向けたSNSと呼ばれるソーシャルメディアが誕生していきました。それらは、インターネット空間という新たな場で匿名性を帯びたコミュニティという存在、対面コミュニティのオンライン移行という側面、パソコン通信の時代に生まれたバーチャルコミュニティからの発展など千差万別でした。しかし、いずれにしても、アテンション・エコノミーの凄まじい影響のある今日と比べると、まだ牧歌的な時代とも言えました。このような歴史的推移については、第4、5章で詳しく見ていきましょう。

さて、本節ではソーシャルメディアを支えるウェブ、そしてインターネットの基本的な仕組みと歴史ついて理解していきます。まずは、インターネットの始まりに関する主要な歴史を学びましょう（表2）。

1958年の米国防総省**ARPA**（高等研究計画局）設立のきっかけは、1957年のソ連人工衛星スプートニク打ち上げへの対抗だと言われています。ソ連によるミサイル先制攻撃に備え、指揮系統などの分散が研究されはじめました（佐藤 2018）。1969年、**ARPANET**プロジェクトが開始されます。現在のインターネットの始まりとも言われているARPANETは、**データを小分けに送り復元するパケット通信ネットワーク、一部分が壊れても迂回可能な分散型ネットワーク**の実現を目指します。

1983年、軍事関係プロジェクトから分離され研究教育機関のネットワークとして発展することになったARPANETは、TCP/IPを標準プロトコルとして採用します。インターネットとは、**インターネット・プロトコル（IP、Internet Protocol）**を用いて相互接続されたコンピュータネットワークの集合体です。プロトコルとは、コンピュータでデータをやりとりするために定められた手順や規則のことを指します。インターネットでは基本的にIPを使うことになっています。IPはTCP（Transmission Control Protocol）と組み合わせて使うことが多く（TCP/IPと言います）、**TCP/IP**はインターネットを含む多くのコンピュータネットワークにおいて、世界標準的に利用されています。

日本では、1984年に日本のインターネットの父と呼ばれる**村井純**が中心となり**JUNET**の運用を開始しました。東京大学・東京工業

表2　インターネットの始まりに関する主要な歴史

1958	米国防総省に **ARPA**（高等研究計画局）発足
	最先端科学技術の軍事利用への転用研究
1969	**ARPANET** 始動
	現在のインターネットの始まり
	世界初の**パケット通信（データを小分けに送り復元）**ネットワーク
	分散型（一部分が壊れても迂回可能）ネットワーク
	4 拠点の研究拠点を結ぶ学術用ネットワーク
1983	ARPANET が **TCP/IP** を標準プロトコルとして採用
1984	日本で **JUNET** 運用開始
	村井純（日本のインターネットの父）
	東大・東工大・慶大の 3 拠点を結ぶネットワークとして実験的に開始、最終的には約 700 の機関を結ぶネットワークに
1989	ティム・バーナーズ=リーによるウェブの開発
1990	ARPA 解体、米国でインターネットの商用サービス解禁
1993	日本におけるインターネットの商用サービス開始

大学・慶應義塾大学の 3 拠点を結ぶネットワークとして実験的に開始したこのネットワークは、最終的には約 700 の機関を結ぶネットワークにまでなりました。

表3　プロトコルと目的の例

プロトコル	目的
HTTP HTTPS	ウェブ通信
FTP	ファイル転送
SMTP POP IMAP	電子メール

その後、1990 年には ARPA が解体され、米国でインターネットの商用サービスが解禁、次いで日本でも 1993 年に商用サービスが開始されました。

ここで注釈を入れておくと、ウェブはあくまでインターネットが提供する機能の一部でしかありません（表3）。多くのソーシャルメディアを支えるウェブ通信以外にも、インターネット上でのさまざまなやりとりのためのプロトコルが用意されています。

続いて、ウェブについて見ていきましょう。ウェブはインターネットに比べると歴史が浅く、1989年に欧州原子核研究機構（CERN）の技術者である**ティム・バーナーズ＝リー（Tim Berners-Lee）**によって開発されました。もともとは、世界中に向けた技術というわけではなく、所属する研究所の情報共有が目指されていました（Berners-Lee 1989）。

ティム・バーナーズ＝リーが開発したのは、**ハイパーテキストシステム**と呼ばれる仕組みです。**ハイパーテキスト**とは、複数の文書を相互に結び付ける仕組みです。相互に結び付けるやり方がハイパーリンクです。

ウェブ（WWW, World Wide Web）とは、インターネットを通じて公開されたハイパーテキスト（ウェブページ）が相互に結び付けられたシステムを指します。

ウェブサーバとクライアント（多くの場合はウェブブラウザ）が**HTML（Hyper Text Markup Language）**で書かれたハイパーテキストを送受信するためのプロトコルが**HTTP（Hyper Text Transfer Protocol）**です。そして、ハイパーテキストの置いてある場所を指定するのが**URL（Uniform Resource Locator）**です（図8）。

バーナーズ＝リーによるハイパーテキストの思想はウェブの根幹を支えています。文字と文字、知識と知識、コンテンツとコンテンツ、人と人、コミュニティとコミュニティ……と、空間的制約を超えてつながり合うことができる、そしてつながり合うことが促進されるのは、ウェブのアーキテクチャによるものです。

次節では、ウェブに欠かすことのできない羅針盤である検索エンジンを起点として、ウェブについて考えていきましょう。

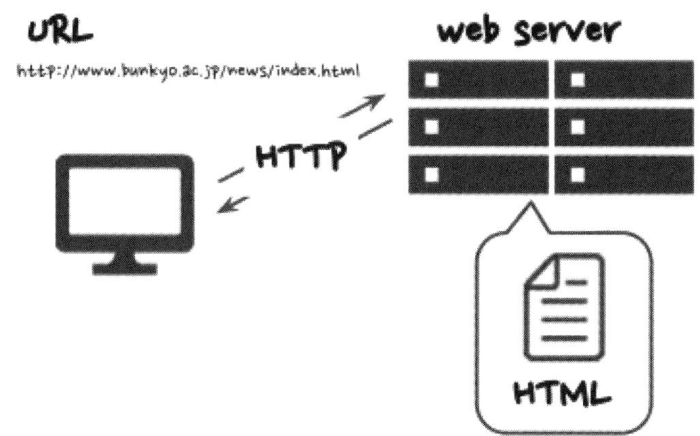

図８　ウェブ通信の仕組みの例

寄り道：ティム・バーナーズ＝リーによるウェブの設計

▼ Tim Berners-Lee, CERN：Information Management: A Proposal

2-5節　ウェブの羅針盤

ウェブ上には膨大なページが存在しており、その中から自分の見たいページを探し出すためには検索エンジンが欠かせません。その意味で、検索エンジンはウェブの羅針盤のような存在です。では、ウェブの羅針盤としての検索エンジンは、私たちにどのような影響をもたらし得るのでしょうか。

2023年現在、Google検索の世界シェアは9割を超えています。このように圧倒的なシェアを誇るGoogle検索ですが、登場した1998年当時には既に他の検索エンジンが存在していました。そのような状況でGoogleが新しかったのは、PageRankと呼ばれるアルゴリズムを導入した点です（Brin and Page 1998）。PageRankとは、被リンクによってページの重要度を測定し、検索結果の順位に反映させるアルゴリズムで、被リンクをユーザからの投票と見做す、ウェブにおける民主主義が目指されていました。

Googleが検索サービスを開始した当初の思想は、高邁なものであったかもしれません。現在でも、世界中の人々のために開発が続けられていることは疑いようがないでしょう。一方で、Google検索は営利企業のサービスであり、検索結果を表示するためのアルゴリズムは複雑化の一途を辿っています。さらに個々人の行動履歴に基づいた情報推薦も行われ、自身が検索した結果がどのような根拠で表示されているのか、知る術がありません。このことは、世界で圧倒的なシェアを誇るGoogleが、検索結果という情報推薦システムを通じて世界中の人々の認知を変え得る力を持っているということにもつながります。ディストピアSFとして名高いジョージ・オーウェル『一九八四年』では、ニュースピークと呼ばれる新たな言語を通じて人々が統制されていました（オーウェル 2009）。そこに描かれるのはわかりやすい統制ですが、私たちも、もしGoogle検索の結果が統制されたとしたら、いとも簡単に認知が歪んでいくことでしょう。

Google 検索は結果の一覧性が情報の取捨選択に役立つこともあり、統制され得るという危機感を持ちにくいかもしれません。しかし、例えば Wikipedia は誰もが編集可能なオンライン百科事典であるがゆえ、事実と異なる結果が書かれている可能性も否定できません。2018 年には、当時の首相であった安倍晋三氏の国会答弁の結果に応じて Wikipedia の記事が編集されるという出来事がありました（毎日新聞 2018)。エンゲル係数に関する間違った理解の答弁について、Wikipedia のエンゲル係数のページを編集することで答弁内容が正しく見えるよう装ったという経緯です。

多くの人が自由に関わることのできるウェブの仕組み、そしてウェブの大海を泳ぐための羅針盤としての検索エンジンは、私たちの認知にも影響力があることを念頭に置いておく必要があります。

演習

演習 2-1

あなたは、無意識のうちにスマートフォンを操作していることがありますか？　どのような場面や状況で「チェックする習慣」があるか、できるだけ具体的に示してください。

演習 2-2

あなたは、ウェブ上のコンテンツや検索結果に違和感を覚えたり、事実と異なる記載を見かけたりしたことはありますか。もしある場合には、具体的な事例を示しながら、なぜ違和感を覚えたり事実と異なると気付いたのかについて説明してください。

第3章

ソーシャルメディア論の視座

第2章ではソーシャルメディアを支えるインターネットやウェブについて学びました。

第3章では、これまであやふやなままに使用してきたソーシャルメディアという言葉について考えていきます。そのためには、メディアとは何なのか、他のメディアとの関係はいかなるものかという整理が必要です。本章では、メディア論に蓄積された研究を整理し、それを前提として、ソーシャルメディアの特徴と定義を追い、ソーシャルメディア論の視座を検討します。

3-1 節　メディアとは何か？

ソーシャルメディアとは何かを考える前に、そもそもメディアとは何かということを考えたいと思います。

2023 年現在、メディアという言葉は社会一般で非常に多義的に使用されています。ソーシャルメディアが広く普及するまで、メディアと言えば暗黙裡にマスメディアのことを指していました。特に主要な4つのマスメディアとして新聞、雑誌、ラジオ、テレビを示す言葉でした。しかし、ウェブやソーシャルメディアが普及するに従って、企業の広報・PR の手段も多様化し、現在では広報・PR の文脈でメディアという言葉も使われています。

このように、それぞれの文脈や分野に応じて多義的に用いられる**メディア**という言葉の最も抽象的な意味は、「**何かと何かをつなぐもの、中間にあるもの、媒（なかだち）するもの**」です。英語では、複数形で media、単数形で medium です。何かと何かのあいだにあってコミュニケーションを成立させる存在を指します。例えば声や文字、スマートフォンなどの機器、X/Twitter をはじめとするサービスプラットフォームなど、さまざまな形のメディアが存在しています。

メディア研究者の水越伸は、メディア論とは「メディアがたんに情報伝達のための無色透明な手段としてではなく、情報技術と社会との絶え間ない交渉の中で歴史社会的に形成されてきたことを明らかにする学問（水越伸 2011)」と述べています。私たちは普段、メディアというものを特に意識せず生活することもできます。しかし、メディアが無色透明な存在ではないという点からスタートすることで、人間の知覚のあり方やそこで生まれる文化、社会構造などを知ることができるのです。

3-2 節　メディア論の視座

3-1 節では、メディアとは何か、その定義を確認しました。そして現在、メディア研究やメディア論は、何かを媒（なかだち）する存在すべてを対象として積み重ねられています。

今日の日本におけるメディアをめぐる知の系譜は、1936 年のヴァルター・ベンヤミンに代表されるヨーロッパにおける**批判的な文化研究**の系譜、1940 年代にはじまる**マスコミュニケーション論**、1960 年代の**マクルーハンをはじまりとするメディア論**という 3 つとして理解されています（伊藤 2015）。メディアそれ自体の存在を問うという意味では、現在のメディア研究ないしはメディア論はマクルーハンの流れを汲んでいますが、マスコミュニケーション論に代表されるメディア効果の研究や映像作品等の批判的な文化研究など、確固たる 1 つの出自はありません。さらに、1940 年以前には新聞というメディアによって登場する公衆を問うガブリエル・タルドや、第一次世界大戦におけるメディア実践の振り返りと共に概念構築されていくプロパガンダ研究などが存在しており、メディア研究の広がりや蓄積と共に、メディアをめぐる知の定義も絶えず更新が続けられてきました。

本節では、ソーシャルメディア論に特に関連する主要なメディア研究を確認し、メディア研究やメディア論の視座を追います（表 4）。

実質的なメディア研究の始まりとして、20 世紀初頭に注目を集めたガブリエル・タルド『世論と群集』があります。タルドは多人数の群れという意味の群集（crowd）ではなく、新聞というメディアを通じ、群集とは異なる社会的集合である**公衆（public）**が出現したことを指摘しました（タルド 1989）。新聞は、印刷、鉄道、電信という相補的な 3 つの発明によって、それまでにない情報伝達の速度と精度を手に入れ、すさまじい速度で公衆は広がりを見せていったのです。それは、活版印刷を出発点とする複製技術革命によって、メディアが「**想像の**

表４　ソーシャルメディア論に関連する主要なメディア研究

1901	ガブリエル・タルド『世論と群集』
1910	マックス・ウェーバー「新聞の社会学」
1914	第一次世界大戦（-1918） エドワード・バーネイズのプロパガンダ研究
1922	ウォルター・リップマン『世論』
1936	ヴァルター・ベンヤミン『複製技術時代の芸術』
1940	ハドリー・キャントリル『火星からの侵略』
1948	ポール・F・ラザースフェルド『ピープルズ・チョイス』
1964	マーシャル・マクルーハン『メディア論 （原題：Understanding Media: The Extensions of Man）』 バーミンガム大学 CCCS 設立、カルチュラル・スタディーズの始まり
1973	スチュアート・ホール「エンコーディングとデコーディング」
1992	クロード・フィッシャー『電話するアメリカ』
2000	ロバート・パットナム『孤独なボウリング』

共同体（アンダーソン 1997）」を可能にする基盤となった初めての出来事であったと指摘されています（吉見 2020）。

また、『プロテスタンティズムの倫理と資本主義の精神』で有名な社会学者マックス・ウェーバーは、一般的にメディア論の学者としては認識されていませんが、「**新聞（Presse）の社会学**」に取り組むつもりでいたことが指摘されています（山田 2008）。

その後、メディア研究の成果が実践される場となる第一次世界大戦が始まります。戦時下におけるメディア研究の主たるテーマは、世論や大衆の誘導、あるいは**プロパガンダ**についてでした。プロパガンダとは、特定の政治的意図を広めたり、特定の主義や思想などへ誘導しようとする宣伝活動を意味します。

広報の父と呼ばれるエドワード・バーネイズは、米国の第一次世界大戦参戦に向け、当時の大統領トーマス・ウィルソンが設立した政府広報機関に所属し、国内世論を誘導すべくプロパガンダを立案していきました。彼は最も著名な心理学者の１人であるジークムント・フロイトの甥でもあったことから、心理学をベースに群衆の心理を操作していく技術を開発していきます。戦後、プロパガンダという言葉は戦争を想起させることから、「PR（パブリック・リレーション）」と言い換え、これが今日の広報の始まりとなっています（石田 2016）。

バーネイズと共に政府広報機関で活動したウォルター・リップマンは、人々の物事の理解は自らの頭の中にあるイメージを通した解釈によって初めて可能になると述べ、そのような状況について人々は**擬似環境**の中に生きていると説明しました。そして、擬似環境の中で固定化された認知を**ステレオタイプ**と呼び、人々のこのような認知のあり方を活かしたプロパガンダ戦略を次々に生み出し、一連の省察を『世論』にまとめました（リップマン 1987）。第一次世界大戦では大衆を煽動する立場にあったリップマンでしたが、戦後、ステレオタイプに

寄り道：プロパガンダポスター

第一次世界大戦下で実際に使用されたプロパガンダポスターを見てみましょう。あなたは、どのような印象を持ちますか。

▼ Library of Congress：Free to Use and Reuse: World War I Posters

よって偏見が助長されることの危険性、曖昧で危うい世論に左右される民主主義を批判しています。

1936年、ドイツの思想家ヴァルター・ベンヤミンは、『複製技術時代の芸術』を通じて、新しい複製技術が既存の芸術観を解体し得る可能性を論じました。例えば、複製技術によって芸術作品のコピーが大量生産されることで、芸術の現在性や１回性、すなわち「いま」「ここ」にのみ存在することの権威性である**アウラ**が喪失することを指摘しました（ベンヤミン 1999）。翻って今日の社会における音楽という芸術を例にすると、CDやサブスクリプションなどさまざまな形でコピーが流通するからこそ、コンサートやライブの持つアウラが価値を帯びるのかもしれません。

1940年には、実質的なマスコミュニケーション論のはじまりとされる、**メディア効果**に関する研究が世に出ることとなりました。ハドリー・キャントリルによる『火星からの侵略』です。1938年に、H・G・ウェルズの空想小説『宇宙戦争』に基づいたラジオドラマが現実の出来事のようにリアリティをもって放送された結果、少なくとも100万人の米国人が恐怖に駆られ、数千人がパニックに陥ったと言われています……と今まで信じられてきましたが、近年、そのようなパニックはなかったと否定されています。

なぜ、パニックがあったことになってしまったのでしょうか。佐藤（2020）は、調査方法における２つの誤りが関係すると説明しています。１つ目は、調査日の遅さです。６週間後と極めて遅く、調査回答者の多くは既にセンセーショナルな新聞報道を目にしていたことで「あたかも自らが直に体験した」と錯覚してしまったのです。２つ目は、調査カテゴリーの不備で、ラジオドラマに「驚いた」「不安になった」という回答を強引にパニックになったと解釈していました。ラジオという新しいメディアへの不信感や、研究資金調達のための正当化、加えてキャントリルが社会心理学の権威となったことで、研究に疑問を持たれる余地が生まれなかったと考えられています。この研究はマスメディアの強大な影響力に関する**弾丸効果論**として有名になりましたが、現在では、情緒不安定など特定の人々にのみ影響を与えうる**限定効果論**として説明されています（佐藤 2020)。このようにメディアを所与の存在と考え、メディアが与える影響に着目するのが1940年代以降のマスコミュニケーション論の流れでした。

弾丸効果論に象徴的なように、マスコミュニケーション論のはじまりには、メディアは強力な力を持ち、直接私たちの意識を左右し得る存在であると考えられていました。それに対して、1948年、ポール・F･ラザースフェルドらは『ピープルズ･チョイス』にて、**コミュニケーションの２段階の流れ**という仮説を提唱しました(ラザースフェルド, ゴーデット , and ベレルソン 1987)。ラザースフェルドらは、米国大統領選挙の際の投票行動に関する調査を行い、マスメディアからオピニオンリーダーへ、オピニオンリーダーから人々へという情報の２段階の流れに着目したのです。この調査結果は米国社会の文化的背景という状況を考慮し解釈する必要がありますが、一方で、今日の私たちも報道や世の中の出来事を理解する手助けとして、テレビのコメンテーターや著名人の発言を参照することがあります。少なくとも、マスメディアからの情報のみが直接的に私たちに影響を与えるわけではないという貢献を通じて、ラザースフェルドらの調査はマスコミュニケーション論を推し進めました。

そして、現在のメディア研究およびメディア論に最も大きな影響を与えているのが**マーシャル･マクルーハン**による『メディア論（原題: Understanding Media: The Extensions of Man)』です。それまで所与の存在として扱われてきたメディアの存在それ自体がマクルーハンの問いでした。マクルーハンは、何らかの技術的手段によって人間の身体能力を拡張するものは、すべてメディアであると捉えました。そして、マクルーハンの主題は「メディアはメッセージである」、すなわちメッセージの内容ではなく、むしろそれ以上に**メディアの性質**こそが重要であると指摘したのです（マクルーハン 1987）。それは言い換えると、コンテンツの細部ではなく、いかにしてコミュニケーションを実現するかが大切であるということです。マクルーハンによるメディアそれ自体を問うという試みは、その後、よりメディア研究の学際性を押し広げていきます。ところで、メディアの性質それ自体にメッセージ性を見出すということは、今日の私たちにとってはそれほど意外性を感じないかもしれません。例えば友人にメッセージを送る時、学校のメールアドレスを使うと堅苦しく感じることはないでしょうか。日常的なコミュニケーションであればInstagramなどの方が気軽で、堅苦しさもないことでしょう。もともとInstagramはメッセージングの機能はありませんでしたが、今では、特に若者世代にとっては「写真や動画コンテンツを介したちょうどいい距離が保てるメッセージングサービス」として存在しています。このように、私たちはメディアにメッセージ性を見出し、コミュニケーションの些細な温度感を伝える試行錯誤をしています。

マクルーハンが『メディア論』を世に送り出した1960年代の北米は、テレビが急速に普及していた社会変動の時期でもありました（図9）(The Society Pages 2011)。かつてキャントリルが『火星からの侵略』を公にしたその時代にラジオが新しいメディアとして研究されたのと同様に、テレビの急速な普及はメディア研究の必要性を訴えるのに十分な理由となりました。

図9に示す通り、全米世帯におけるテレビ普及率は1950年の約10%から、1960年には90%近くにまで上昇しています。そして、1970年代には家族のコミュニケーションを阻害するメディアと見做されるようになったと言われています。それは、家族での会話やコミュニティ活動の時間がテレビ視聴に費やされるようになったからです（佐藤 2020)。このように、新たなメディアの登場がコミュニケーションの有

Number of TV Households in America

Year	Number of TV Households	% of American Homes with TV	Year	Number of TV Households	% of American Homes with TV
			1964	51,600,000	92.3
1950	3,880,000	9.0	1965	52,700,000	92.6
1951	10,320,000	23.5	1966	53,850,000	93.0
1952	15,300,000	34.2	1967	55,130,000	93.6
1953	20,400,000	44.7	1968	56,670,000	94.6
1954	26,000,000	55.7	1969	58,250,000	95.0
1955	30,700,000	64.5	1970	59,550,000	95.2
1956	34,900,000	71.8	1971	60,900,000	95.5
1957	38,900,000	78.6	1972	62,350,000	95.8
1958	41,920,000	83.2	1973	65,600,000	96.0
1959	43,950,000	85.9	1974	66,800,000	97.0
1960	45,750,000	87.1	1975	68,500,000	97.0
1961	47,200,000	88.8	1976	69,600,000	97.0
1962	48,855,000	90.0	1977	71,200,000	97.0
1963	50,300,000	91.3	1978	72,900,000	98.0

図9　1950年代から70年代のアメリカ家庭におけるテレビ保有率
（The Society Pages 2011）より引用

り様を変えていく様子は、マクルーハンをはじめとするメディア研究者にとって、知的好奇心が強く刺激される現場であったことでしょう。

ここで、日本のテレビ保有率の推移を見てみましょう（図10）（総務省 2014b）。北米からやや遅れるものの、爆発的な普及の様子は類似していることがわかります。日本におけるテレビ普及率と密接に結びついた事象の１つに、1964年の東京オリンピックがあります。開会式の視聴率は84.7%にのぼり、開催中に１回でもオリンピックの放送を視聴した人は97.3%を記録したと言われています（松山 2019）。日本中の人々が同時に東京オリンピックを視聴したその経験は、かつてタルドが指摘したように、想像の共同体としての日本人を作り上げたと考えられます。

マクルーハン『メディア論』と同時期、イギリスのバーミンガム大学に現代文化研究センター（Centre for Contemporary Cultural Studies、CCCS）が設立されました。カルチュラル・スタディーズの誕生と言われています。それまでの文化研究はハイカルチャーを対象

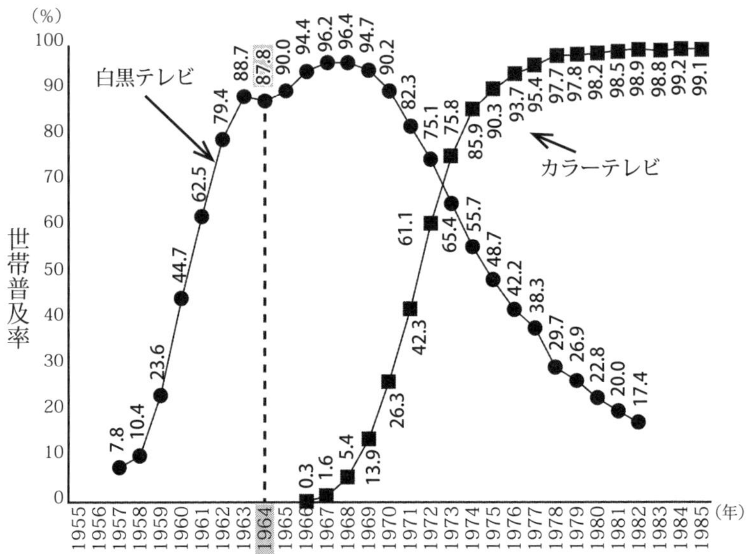

図10　1950 年代から 80 年代の日本家庭におけるテレビ保有率
（総務省 2014b）より引用

としていましたが、カルチュラルスタディーズは大衆文化やサブカルチャー、若者文化をも射程に、権力や伝統との関係を捉えるものでした。このような新たな研究アプローチの萌芽は、メディア研究を支える柱の１つとなっていきます。

CCCS で活躍したスチュアート・ホールは、1973 年に「エンコーディングとデコーディング」という論文を発表しています。テレビの視聴者は番組の内容をそのまま受容しているのではなく、それぞれに解釈を行い、その解釈は時に番組制作者の意図と異なり得ることを指摘しています（Hall 1973）。メディアの理解のためには、番組内容やメディア形式以外に、受容者であるオーディエンスの分析も重要だという考え方です。この新たな視点の提供は、メディア研究における**オーディ**

エンス研究という方向性をもたらしました。

1990年代に入り、クロード・フィッシャー『電話するアメリカ』というアメリカにおけるテレフォンネットワーク史研究が生まれました。新しい技術が新しい生活や文化を作るのではなく、生活や文化に応じて新しい技術が使われ、受け入れられていったのではないかという議論です。

ところで、当初のマクルーハン『メディア論』に対する批判で最も多かったのは、**技術決定論**（新しいメディアが社会を変容させていくという考え方）的であるという内容でした（大久保 2023)。その意味で、フィッシャーは社会文化的背景を前提とした技術やメディアの受容に目を向ける重要性という点で、メディア研究に貢献したと捉えられるでしょう。

2000年、ロバート・パットナムによる『孤独なボウリング』は包括的米国社会論として、社会関係資本についての議論として有名になりました。メディア研究という観点では、テレビ視聴が社会関係資本に及ぼしたネガティブな影響を論じています（パットナム 2006)。本研究は、対メディアの限定的な関係ではなく、メディアを含む生活や社会を包括的に対象とした研究という意味で、メディア研究と他の社会科学分野との架け橋となる存在です。

3-3節　ソーシャルメディアの特徴

3-2節では、ソーシャルメディア論に続くという観点でメディア論を整理し、その流れを追いました。ここで、ソーシャルメディア論の視座を整理する前に、ソーシャルメディアとは何か、定義を試みたいと思います。

まず、ソーシャルメディアの特徴について、既に存在していたマスメディアやパーソナルメディアとの違いから考えていきましょう。

マスメディアの「マス（mass）」は大きな塊、多量、大衆を意味する語です。４大マスメディアが新聞、テレビ、ラジオ、雑誌であることは一般に広く知られています。マスメディアとは、マス（大衆）に向けて発信されるメディアを指します。マスメディアの特徴は、その発信が専門や権威をはじめとする一部の人々によるものに限定されているという点です。例えば私たちは、新聞に自分の書いた記事を勝手に掲載することはできません。専門性を持った記者が執筆し、編集者

寄り道：ソーシャルメディアという言葉の誕生

ここで、ソーシャルメディアという言葉それ自体の誕生について見ていきましょう。ソーシャルメディアという言葉は、特定の権威によってセンセーショナルに発表された言葉ではなく、ぽつりぽつりと登場し、じわじわと浸透していったようです。

世界で１番最初にソーシャルメディアという言葉を世に出したのは、意外にも非常に早い 1994 年、写真家のダレル・ベリーの使用によるものでした。インターネット黎明期の当時、静的な文書アーカイブの場ではなく、ユーザが相互に関与するネットワークへの進化の必要性をソーシャル・メディア・スペースなる造語で主張しています。しかし、ダレル・ベリーによる発信が世の中に広く広まったわけではなく、ほぼ同時期、元 AOL 幹部のティナ･シャーキーがコミュニティ構築を担当していた折に造語として生み出したとも主張しています(Bercovici 2010)。その後、誰もが発信者になれるとする Web2.0 が世を賑わせ、さらに 2000 年代後半からは SNS（ソーシャルネットワーキングサービス）が話題性のある語として有名になりましたが、SNS にとどまることのないさまざまな形のメディアを総称するための語としてソーシャルメディアは定着していきました。

が編集し、というプロセスを経ることで、信頼性を担保しています。

もうひとつの重要なメディア区分として、**パーソナルメディア**があります。「パーソナル」は個人の、個人に宛てた、を意味する語です。パーソナルメディアとは、電話や手紙、メールのように、個人と個人を結ぶメディアを指します。マスメディアと異なり、誰でも発信者になれることが特徴です。

マスメディアは**一対多**、パーソナルメディアは**1対1**のメディアとして定着していきましたが、インターネットをはじめとする情報通信技術の発展と普及によって、**多対多**を支えるメディアが登場しました。それが**ソーシャルメディア**です。ソーシャルとは、社会の、社交の、などを意味する語です。古くはパソコン通信のコミュニティで、インターネットの掲示板やSNSなど時代と共に隆盛が移り変わっていますが、その本質的な特徴は、**誰もが多に向けて発信できる**という点にあります。

3-4節　ソーシャルメディアの定義と推移

ソーシャルメディアを取り巻く研究は学際的な広がりを見せており、定義に関する研究も数多くあります。トーマス・エイクナーらは、1994年から2019年の間の研究を対象に、ソーシャルメディアの定義の整理を行っています（Aichner et al. 2021）。表5に示すように、ソーシャルメディアの定義は、バーチャル・コミュニティやSNSなど個別の領域における議論を経て、ソーシャルメディアという抽象度の高い定着へと向かっています。

表5では、ソーシャルメディアを取り巻く一連の研究からメディアに対する関心の推移を見て取りました。次に、ソーシャルメディアの多くのサービスが持つつながりやコミュニティという観点で、その系譜を辿ってみましょう。

表５　エイクナーらによる ソーシャルメディアの定義の整理

1996	**コンピュータ支援型ネットワーク** コンピュータネットワークが機械や人を結びつける社会的ネットワーク（Wellman et al. 1996）
1997	**バーチャル・コミュニティ** 電子メディアを通じて互いにコミュニケーションをとる人々の集団（Romm, Pliskin, and Clarke 1997） **ソーシャルネットワーク** 人や組織をつなぐコンピュータネットワーク（Garton, Haythornthwaite, and Wellman 1997）23/10/02 11:05
1999	**バーチャル・コミュニティ** 共通のニーズや興味を持つ人々の集まり（Hagel 1999）
2002	**バーチャル・コミュニティ** 共通の趣味や習慣を持つ人々のグループで、共通の場所や仕組みを通じて、インターネット上で組織的に定期的かつある程度の期間コミュニケーションをとるもの（Ridings, Gefen, and Arinze 2002）
2005	**SNS（Social Networking Service）** さまざまな目的でユーザ同士の交流を促進するために特別に設計されたサービス（Marwick 2005）
2006	**オンラインソーシャルネットワーク** 個人が交流するインターネットコミュニティであり、自分の人格や人脈を他者に提示し交流する（Acquisti and Gross 2006）
2007	**SNS（Social Networking Site）** プロフィールに蓄積された個人情報に基づき人々をつなぎ紹介（O'Murchu, Breslin, and Decker 2007） **SNS（Social network site）** ウェブベースのサービスで、個人がプロフィール作成、つながりのリストを明示、他のユーザがそれを閲覧可能（Boyd and Ellison 2007）
2008	**SNS（Social networking sites）** ユーザにプロフィールスペースやコンテンツ投稿、メッセージングや人とのつながりを作る機能を提供（Joinson 2008）
2009	**SNS（Social network sites）** 趣味や仕事、学校、家族、友人関係など、共通の関心を持つユーザ間でデジタル情報の交換を可能にする場（Sledgianowski and Kulviwat 2009）

2010	**ソーシャルメディア（Social media）** Web2.0 の思想的・技術的基盤の上に構築され、ユーザ生成コンテンツの作成と交換を可能にするインターネット上のアプリケーション（Kaplan and Haenlein 2010）
2011	**ソーシャルメディア（Social media）** アイデンティティ、会話、共有、プレゼンス、関係、評判、グループという 7 つの機能を持つハニカム構造（Kietzmann et al. 2011）
2012	**SNS（Social networking sites）** 他者と共有できるユーザプロフィールの仮想集合体（Hughes et al. 2012）
2013	**SNS（Social network site）** 参加者がユーザ生成コンテンツやプロフィールを持つネットワーク上のプラットフォームであり、他の人が閲覧できるようつながりを公に表現でき、サイト上でユーザ生成コンテンツの消費や対話が可能（Ellison and Boyd 2013）
2015	**ソーシャルメディア（Social media）** インターネットを利用した、抑制の効かない、持続的な大衆コミュニケーションチャネルであり、ユーザ間の相互作用の認識を促進し、主にユーザ生成コンテンツから価値を得る（Carr and Hayes 2015）
2016	**ソーシャルメディア（Social media）** 従来の放送と私的ダイアドコミュニケーションの間の空間を植民地化し、スケーラブルな社会性と呼ばれるグループサイズとプライバシーの度合いを人々に提供（Miller et al. 2016）
2018	**ソーシャルメディア（“social-media”）** コンテンツを共有したり、SNS に参加したりできるウェブサイトやアプリケーション（Leyrer-Jackson and Wilson 2018） **ソーシャルメディア（Social media）** コンテンツの拡散、対話、より多くの人々へのコミュニケーションを促進するユーザ主導プラットフォーム。基本的には人々のために作られたデジタル空間であり、さまざまなレベル（個人、仕事、政治、社会など）での交流やネットワーキングを促進する環境を提供（Kapoor et al. 2018）
2019	**ソーシャルメディア（social media）** 個人間のエンゲージメントを促進するために設計されたあらゆるオンラインリソース（Bishop 2019）

1990年代、研究対象としてのバーチャル・コミュニティへの関心が高かった理由の１つに、**WELL（Whole Earth 'Lectronic Link）**に代表されるバーチャル・コミュニティの存在が挙げられます。最も有名かつ現存する最古のバーチャル・コミュニティであるWELLは、1985年に"Whole Earth Catalog"編集者のスチュアート・ブランドらによって創設され、当初は電子掲示板（BBS）として始まりました。米作家のハワード・ラインゴールドは、自身のWELLでの経験を盛り込み、バーチャル・コミュニティにおけるコミュニケーションや活動事例を詳細に説明しています。そこには、まだパーソナルコンピュータの普及黎明期、希望に満ちた新しい社会への希望が綴られています。

同じく1990年代のバーチャル・コミュニティについて、若者のメディア利用を研究するダナ・ボイドは、自身の経験として次のように語ります。コンピュータに興味を持つ友人はいないも同然であり、インターネットへの関心は地元コミュニティへの不満と結びつくものであった、と。インターネット黎明期、オンライン上のバーチャル・コミュニティへの参加は、身の回りにはない居場所を求めて、別世界への扉を叩くような行為であったことでしょう。今日、ソーシャルメディアをはじめとするオンラインコミュニティへの参加は、多くの場合に日常から地続きであり、身の回りの人とつながり合うためにオンラインに向かうとボイドは指摘します（ボイド 2014）。

また、**ファンコミュニティ**という観点では、例えば日本では古くから同好の士が多い鉄道ファンコミュニティは、1980年代パソコン通信の時代から1990年代のインターネット普及期に、早々にオンライン化が進みました。それまで同人誌などの形で読者共同体が形成されてきた鉄道ファンコミュニティは、オンライン化によって関心の多様化が花開き、さまざまなテーマを扱う掲示板が生まれたと言われています（辻泉 2011）。

寄り道：WELL の芽が生まれた年

1968 年は大変革の年として記憶されています。WELL の創設者のひとり、スチュアート・ブランドが "Whole Earth Catalog" を出版し、スタンリー・キューブリック「2001 年宇宙の旅」が公開されたのも同年でした。口述的な説明なく映像そのものによって語られる、映画史に決定的な影響を与えた「2001 年…」は、秘密裏に行われた試写会にかのマクルーハンも招待されたと言われています。文字ではなく映像によって新たな知覚が生まれると説いたマクルーハンは、しかし、「2001 年…」の上映開始わずか 10 分で居眠りを始めてしまい、後日内容を酷評しています。誰よりも早く映像やテレビというメディアの新たなメディア性に着目したマクルーハンがその面白さに気づけなかったというのは、皮肉な話です。ちなみに、マクルーハンの「メディアはメッセージである」という言葉から着想を得て、のちにパーソナルコンピュータの父と呼ばれるアラン・ケイが子供のためのコンピュータの構想をしたのも 1968 年でした（エディトリアルデパートメント 2022）。

伝説のカウンターカルチャー雑誌 "Whole Earth Catalog" には、スティーブ・ジョブズも大いに影響を受けたと言われています。1968 年、米国家庭へのテレビ普及率は 95% 弱にまでのぼり、テレビではベトナム戦争の様子が生々しく映し出されました。映像という雄弁な手段で最前線の様子が一般家庭のお茶の間に届けられた初めての戦争です（Kratz 2018）。戦争のリアリティを映像で目の当たりにした米国民の反戦感情は高まり、愛と平和を求めるヒッピー文化が若者世代に広がりを見せました。バーチャル・コミュニティ WELL 創始者によって世に送り出された "Whole Earth Catalog" は、そのようなヒッピー文化に多大なる影響を与えた伝説的な 1 冊です。

このようにさまざまなテーマを扱える、身の回りでは少数派同士でもつながり合えるというオンラインコミュニティは、**周縁的アイデンティティ**を持つ人々のコミュニティも促します。そのようなコミュニティへの参加においては**匿名性**が安心感を担保し、さらにコミュニティへの参加は自己受容を増大させると言われています（三浦 2008）。その意味で、あらゆるオンライン化が進む今日においてなお、オンラインコミュニティには身の回りとは違う居場所としての役割も残っていると考えられます。

インターネット利用者が増えるにつれ、バーチャル・コミュニティの特殊性は薄れ、誰もがオンラインにアクセスし滞在するようになっていきました。その結果、インターネットやソーシャルメディア上はネットワーク化されたパブリックとして存在するようになります。身体は自宅リビングのソファの上にいながら、いつでも人々の集うオンライン空間にアクセスすることができる（ボイド 2014）。もしかしたら、オンラインでソーシャルメディアのプラットフォームにアクセスすることは、身体が駅のプラットフォームにいるよりもずっと公共的なのかもしれません。

さて、3-3 節で整理したソーシャルメディアの特徴と、表５に示したソーシャルメディアの定義の整理、コミュニティという観点からのソーシャルメディアの系譜を踏まえ、ソーシャルメディアの特徴を考えていきましょう。

第１に、**多対多のコミュニケーション**ができる場であるということです。この場とは、**プラットフォーム**（元々は駅を指す語ですが、この場合はウェブサービスなどを支える基盤を意味します）である場合が多く、参加すると誰もが発信やコミュニケーションをすることができます。また、ユーザ生成コンテンツや友人関係が可視化されるという特徴もあります。言い換えると、ソーシャルメディアという場におけるコミュニケーションは、多数に向けて行うがゆえに多数によって見られ得るという、**露出と覗き**が前提となった設計になっています。もちろん、その程度はプラットフォームやユーザによって調節や制限が可能ですが。

第２に、たとえ同じプラットフォーム上にいたとしても、**ユーザごとに経験や解釈は異なり**ます。ホールが「エンコーディングとデコーディング」で指摘したように、テレビというメディアにおいても、視聴者はそれぞれに解釈を行っており、番組の内容やメディアの形式以外に受容者であるオーディエンスの理解が重要でした。ソーシャルメディアでも、ユーザはそれぞれの立場で解釈を行いますが、最も重要なのは、ユーザそれぞれに最適化したコンテンツが絶え間なく提供されるという状況です。例えばInstagramやYouTubeで、ホーム画面やタイムラインに表示されるコンテンツが人それぞれの情報行動に基づく推薦によって違いがあるということを、私たちはよく知っていますね。「私のTikTokには〜〜が流れてくるんだけど……」という会話を耳にすることもあります。マスメディアのように大衆に向けて同じ情報が発信されるのではなく、ユーザそれぞれが任意のコンテンツにアクセスしたり、好みに応じて最適化した経験が提供されるため、同じ場にいてもまったく違うものを見ているかもしれません。**個別最適に基づく経験や解釈の多様性**が２つ目の特徴です。

第３に、**ユーザの行動履歴がデジタルの足跡として蓄積**されます。デジタルの足跡が、第２の特徴である個別最適を支える存在です。**デジタルの足跡は、ユーザのアクセスできるデータとアクセスできないデータの２種類**があります。ユーザのアクセスできるデータは一般に、ソーシャルメディアへの投稿やプロフィール、ユーザ間のやりとり、リアクションなど、主体性を帯びたコミュニケーションの集積です。一方、ユーザのアクセスできないデータは、米国の社会心理学者ショシャナ・ズボフがシャドウテキストと表現する存在です（ズボフ 2021）。プラットフォーム側が蓄積する、ユーザの行動履歴をはじめとする情報推薦のためのあらゆるデータを指します。

ソーシャルメディアは多くの場合、デジタルの足跡をデータとした情報推薦が行われ、ユーザごとに最適なコンテンツがおすすめされます。しかし一方で、デジタルの足跡が残るがゆえに、フィルターバブル化や社会の分断のような社会問題が起こり得る可能性も否定できません。デジタルの足跡はプラットフォームだけでなく、外部サービスにも提供され広告などに使われています。近年、このような個人データを守る動きも生まれており、今後どのような方向性になっていくかは、本書の中で折に触れて考えていきたいと思います。

以上のように、本書では、ソーシャルメディアを

- ▶ 多対多のコミュニケーションができる場
  - ▷ コミュニケーションは露出と覗きが前提
- ▶ 個別最適に基づく経験や解釈の多様性
- ▶ 行動がデジタルの足跡として蓄積

という３つの特徴を持つメディアとして捉えます。ソーシャルメディアは概ね**多対多のコミュニケーションができる場**という特徴を持っており、この点はエイクナーらによるソーシャルメディアの定義に関する研究とも一致しています。しかし、それ以外の２つの特徴については該当しないソーシャルメディアも散見されます。

それでもなお、個別最適に基づく経験や解釈の多様性、そして、個別最適を支えるデジタルの足跡をソーシャルメディアの特徴として捉えたい理由は、マスメディアと対比させた際、発信者が多となり得るという点、同じプラットフォーム上でもユーザによって提示されるコンテンツが多様であり、それを支えるのはデジタルの足跡であるという点に決定的な違いがあるためです。特にデジタルの足跡については、今後どのような方向性を取り得るか、各章で折に触れて考えていきま

しょう。

寄り道：デジタルの足跡を蓄積しない？

ソーシャルメディアの特徴の１つにデジタルの足跡が蓄積されると述べましたが、例えばSnapchatやInstagramのストーリーズは非永久的なコミュニケーションとして設計されています。対面の会話のような気楽さや、１回性のコミュニケーションの価値を楽しむことができるプラットフォームです。非永久的なコミュニケーションはデジタルの足跡が蓄積されないように感じますが、例えばInstagramではストーリーズへのリアクションはデータとして情報推薦に活用されます。

3-5節　ソーシャルメディア論の視座

本節では、メディア論の視座に対応する形で、ソーシャルメディア論の視座を考えます。ソーシャルメディア論を考える上で主要な研究を抜粋し（表6）、ソーシャルメディア論にどのようなアプローチで取り組むべきかを検討します。

1998年のダンカン・ワッツとスティーブン・ストロガッツによる“Collective dynamics of ‘small-world’ networks” という論文では、**スモールワールド・ネットワーク**についての研究が報告されています。スモールワールド・ネットワークとは、人間関係に関する古典的なテーマである “It’s a small world!” の仕組みを明らかにするものです。世界中のあらゆる人とつながり合うためには、たった6人を介するだけで十分だという社会構造を明らかにしました（Watts and Strogatz

表６　ソーシャルメディア論に関連する主要な研究

1998	ダンカン・ワッツ、スティーブン・ストロガッツ “Collective dynamics of ‘small-world’ networks”
2002	レカ・アルバート、アルバート・ラズロ・バラバシ “Statistical mechanics of complex networks”
2005	ティム・オライリー「Web2.0」
2006	ヘンリー・ジェンキンズ『コンヴァージェンス・カルチャー』
2011	シェリー・タークル『つながっているのに孤独』 イーライ・パリサー『フィルターバブル』
2014	ダナ・ボイド『つながりっぱなしの日常を生きる』
2017	レフ・マノヴィッチ『インスタグラムと現代視覚文化論』
2018	佐々木裕一『ソーシャルメディア四半世紀』
2019	ショシャナ・ズボフ『監視資本主義』
2021	クリス・ベイル『ソーシャルメディア・プリズム』
2022	山口真一『ソーシャルメディア解体全書』

1998)。この研究は、研究内容だけでなく、研究に使用したデータという点でも学術的に大きな貢献をもたらしました。それは、メールというデジタルの足跡を分析対象とした点です。インターネットの普及が始まり、それまで実生活上では記録されることのなかったさまざまなコミュニケーションがデジタルデータとして蓄積されることとなりました。このようなデータを扱う研究が次々と生まれ、それまで仮説構築に留まっていた研究を力強く進めていくことになります。

次いで2002年、レカ・アルバートとアルバート・ラズロ・バラバシもまた、デジタルの足跡を含むさまざまなデータを対象に、その構造を分析しました。例えばインターネットのリンク構造は、非常に膨大な数の被リンクを持つ少数のページと、ほとんどどこからもリンクされない大多数のページで構成されています。このような構造は地震などさまざまな現象に見られ、正規分布のように平均的なふるまいをする存在がないことから**スケールフリー性**と名付けられました（Albert and Barabási 2002）。

ワッツやバラバシらは物理学者でしたが、これらのような研究によって、物理学だけでなく工学から社会学まで幅広い分野で、デジタルの足跡をデータとして扱うアプローチが増えていきます。のちに、実務の側面においてはソーシャルメディアにおける情報推薦の方向性として、学術的な関心としては社会やコミュニケーションの理解といった方向性として深化していきます。

その後、ティム・オライリーによってWeb2.0が提唱されます。静的なインターネットから動的なインターネットへ、専門的な知識は不要で誰もがインターネットで発信・表現を行える時代が到来するという輝かしい未来の話でインターネットは大いに盛り上がりました（O'Reilly 2007）。この、誰もが発信・表現を行えるというWeb2.0に見られる特徴は、ソーシャルメディアのコミュニケーション特性へと引き継がれていきます。

2006年には、ヘンリー・ジェンキンズによる『コンヴァージェンス・カルチャー』が、複数のメディアプラットフォームを横断したファンの参加型文化を鮮やかに説明します（ジェンキンズ 2021）。ソーシャルメディアと文化については、ソーシャルメディアの普及以前からメディア社会学という分野で蓄積がありましたが、メディア環境の変化に伴いファンカルチャーや文化産業は白熱化の一途を辿っており、研究も同様に蓄積が重ねられています。

その後、シェリー・タークルによる『つながっているのに孤独』やイーライ・パリサー『フィルターバブル』、ダナ・ボイド『つながりっぱなしの日常を生きる』といった、新たなメディア環境における認知やアイデンティティ、コミュニケーションに関する議論が活発化していきます。かつて、クロード・フィッシャーが『電話するアメリカ』

で生活や文化に応じて新しい技術が使われ受容されるという議論をしたように、加えてソーシャルメディアの特性として経験や解釈の多様性があることからも、今日のメディア環境に生きる私たちの理解は非常に詳細かつ個別の記述が求められます。それは、同じメディアやプラットフォームにいても、同じ環境にいるとは言えないからです。第1章で自分を起点としてソーシャルメディアについて考えることを説明した通り、この視点を持ち続け、ソーシャルメディア論の理解を進めていきましょう。

2017年には、レフ・マノヴィッチによるInstagramの分析を通じた現代視覚文化論が公開されました。今日、世界で最も使用されているデジタルカメラはスマートフォンだと言われています。スマートフォンによって私たちと撮影との距離や関係は大きく変容しました(マノヴィッチ 2018)。Web2.0について梅田望夫は一億総表現社会という言葉を用いましたが、今日、私たちにとって表現の技術的障壁は非常に低くなってきていると考えられます。誰もが表現できる社会で何を表現し、どう人々に届けるかといった内容については、後半に随所で扱っていきます。

2018年、佐々木裕一は『ソーシャルメディア四半世紀』にて日本におけるソーシャルメディアの25年間を非常に緻密に記述しました。かつてはモバイル文化研究で世界のトップランナーを走る日本でしたが、ソーシャルメディアについても海外とは少し異なる文化圏によって発展してきました（佐々木 2018)。

2019年以降、ショシャナ・ズボフ『監視資本主義』、クリス・ベイル『ソーシャルメディア・プリズム』、山口真一『ソーシャルメディア解体全書』と、デジタルの足跡を前提としたプラットフォームによる監視や情報推薦による社会の分断や危機についての議論が活発化しています。この背景には、ケンブリッジ・アナリティカによる米国選挙への不正関与をはじめとする数多くの事例があります。

以上、ソーシャルメディア論にとって特に重要と考えられる先行研究を確認しました。ソーシャルメディア論は、メディア論の系譜に位置付けられます。その意味で、マクルーハンの述べた「メディアのメッセージ性」を問うことを起点とし、メディアの特徴については既存メディアとの関係から検討を行う必要があります。

また、ソーシャルメディア論も従来のメディア論と同様に学際的な学問に位置付けられますが、ソーシャルメディア、ないしはソーシャルメディアを通じた社会の理解のためには、デジタルの足跡に基づく物理学や工学的アプローチも欠かすことができません。加えて、ソーシャルメディアの過激化と煽りの背景には、各サービスのプラットフォーム戦略が働いています。故に、経営学的視点からソーシャルメディアを絶えず問うことも必要でしょう。このように、ソーシャルメディア論は多角的なアプローチが求められる学問です。

演習

演習 3-1

あなたが初めて参加したオンラインコミュニティについて、参加した年齢や目的、その時の印象などを教えてください。

演習 3-2

任意のソーシャルメディアを１つ挙げ、本書で提示するソーシャルメディアの３つの特徴に沿って説明してください。

第4章

ソーシャルメディア史（前半）

本章では、2002年頃までに開設された各種サービスの理解を通じて、日本における状況を中心にソーシャルメディアの変遷を捉えます。要点を先取りして言えば、当時のインターネットにおけるソーシャルメディア（の萌芽的存在）は主に、**新たな空間**として注目を集める存在でした。一方で、既に1990年代後半から、個別最適に基づく経験や解釈の多様性は存在し、一部では行動のデジタルの足跡としての蓄積も行われ始めています。

さて、このような新たな空間は、マクルーハンの思い描いた**グローバル・ヴィレッジ（地球村）**化、すなわち世界中の人々のコミュニケーションを実現したのでしょうか（マクルーハン 1986)。**多対多のコミュニケーションができる場**としてのソーシャルメディアの移り変わりを学んでいきましょう。

寄り道：作品に描かれる新たな空間

1984 年、SF 作家ウィリアム・ギブスンは小説『ニューロマンサー』でコンピュータが構築した仮想空間を描きました。そこで初めて、サイバースペースという単語が用いられます。1999 年、ウォシャウスキー姉妹監督による『マトリックス』では、仮想空間をバレットタイムと呼ばれる高速連続撮影の技術が用いられ、新たな空間を革新的な映像技術で表現しました。SF 作品に描かれる新たな空間は、近未来への憧憬です。

日本では、1996 年に森田芳光監督は『(ハル)』でパソコン通信によって生まれた新たな場における出会いを描き、日常と連続性を持たないコミュニケーションの登場が瑞々しく表現されています。

4-1 節　サービス開設などの年表

日本における状況を中心に、ソーシャルメディアに関連する重要なサービス開設時期などを表 7 に、総務省によるインターネットの普及の推移と主要なコミュニケーションサービスの開始時期を下記 QR コードに示します（総務省 2019a）。両者を参考に、年を追ってソーシャルメディアをめぐるさまざまなサービスや社会状況を理解していきましょう。

表7　ソーシャルメディアに関連する重要なサービス開設時期など

1993	日本のインターネット商用サービス開始
1994	Yahoo! Netscape Navigator（ウェブブラウザ）
1995	Windows 95 発売 朝日新聞デジタル eBay Amazon.com Netscape のナスダック上場 WWW 利用の拡大から**インターネットバブル**へ
1997	Hotmail（ウェブメール） 楽天市場 まぐまぐ（メールマガジン） teacup（個人向け掲示板サービス）
1998	Google クックパッド
1999	2 ちゃんねる（現 5 ちゃんねる） 阿里巴巴（BtoB マーケット） Yahoo! オークション @cosme i モード（携帯向けインターネットサービス）開始
2000	価格 .com
2001	Wikipedia Wayback Machine
2002	ブログの社会的認知向上 Friendster（SNS） 前略プロフィール Winny（P2P サービス）

4-2節　1990年代前半

世界で最初のウェブブラウザは、ウェブの生みの親であるティム・バーナーズ＝リーによって、1991年に公開されました。なぜブラウザから理解をしていくか？　それは、スマートフォン登場前、ソーシャルメディアはデスクトップ環境からブラウザを通じてアクセスされていたためです。

次いで、1994年に米国で**Yahoo!**が登場しました。Yahoo!はもともと、スタンフォード大学の博士課程在籍中のジェリー・ヤンとデビッド・ファイロが運営していたウェブページ“Jerry's guide to the world wide web”が始まりでした（Clark 2008）。インターネット上に存在する興味深いページを分類、掲載する便利なこのページが、インターネットの玄関としての**ポータルサイト**の原型となり、初期インターネットの時代を牽引するYahoo!を生み出しました。**ディレクトリ型検索サービス**のYahoo!は、サーファーと呼ばれるスタッフが1件1件サイトを収集しカテゴリに分類して登録していました（ヤフー株式会社 2017）。人力でサイトを分類できる程度には、まだインターネットの世界が狭かった時代です。

1995年には**Windows95**が登場し、**日本のインターネット元年**と呼ばれるようになります。それは、一部の研究者や技術者だけでなく、一般の人にもインターネットをする大きな契機となったためです。Windows95の登場によって、ウェブブラウザのシェアも大きく変化します。のちに、WindowsにデフォルトでInternet Explorerというウェブブラウザが搭載されたためです。言い換えると、パーソナルコンピュータにウェブブラウザが標準搭載される以前には、ユーザは自らブラウザをインストールする必要があり、インターネットへのアクセスは少なからぬ技術的障壁がありました。

寄り道：当時の様子を知ってみよう

ティム・バーナーズ=リーによって公開された当時のブラウザを見てみましょう。ちなみに、その時にバーナーズ=リーが使用していたNeXT コンピュータは、スティーブ・ジョブズが 1985 年に創業したNeXT による高等教育向けワークステーションです。

▼ Tim Berners-Lee：The WorldWideWeb browser

寄り道：ウェブブラウザのシェア

みなさんは今、ウェブブラウザは何を使用しているでしょうか。ウェブブラウザのシェアの変化を見てみましょう。

▼ Captain Gizmo：Most Popular Web Browsers 1993 - 2020

寄り道：ウィンドウズ95

Windows95が登場した当時の様子を見てみましょう。

▼TBS NEWS DIG Powered by JNN：ウィンドウズ95発売で大騒ぎ　初期のTBSネットショッピング　パソコンに四苦八苦する橋本龍太郎氏

1995年は他に、朝日新聞デジタルのようなマスメディアのインターネットへの進出や、eBay、Amazon.comのような**Eコマース**（Electric Commerce、EC、電子商取引：インターネット上での売買）も登場しました。

Amazonをソーシャルメディアの3つの特徴に照らし合わせて考えてみましょう。AmazonはEコマースの代表的存在ですが、ユーザが自由にレビューを投稿できるソーシャルメディアとしての側面も持ち合わせています。1995年当初、小売業界においてユーザが自由にレビューを投稿できる場は存在しておらず、Amazonは正気を失った、とさえ囁かれました（Ante 2009）。それは、普通の人々が投稿するレビューによって購買行動が阻害されるのではないかという考えからでしょう。Amazonはレビューやクチコミの投稿や閲覧といった**多対多のコミュニケーションができる場**となり、ユーザはレビューを露出し、それを誰もが覗ける状態を作り上げました。しかし、現在の状況からも明らかなように、E コマースは次々と Amazon に追随し、商品へのレビューやクチコミは今や欠かすことのできない存在となり、インターネット以前の小売業界の常識は打ち破られました。Amazon はさらに、購買履歴を**デジタルの足跡として蓄積**し、それに基づいた「これを買った人にはこれもおすすめです」、推薦アルゴリズムのアイテム間**協調フィルタリング**の特許を1998年に申請しています(Linden, Jacobi, and Benson 2001)。同じ Amazon というプラットフォーム上でも、ユーザの購買行動によって書籍のおすすめが異なる、それはまさに**個別最適に基づく経験や解釈の多様性**です。このように見ると、Amazon は 1990 年代後半という極めて早い段階からソーシャルメディア的要素を持つプラットフォームであったと言えるでしょう。

インターネット上でさまざまな可能性が模索されていた背景に、WWW 利用の拡大による**インターネットバブル**がありました。1995年、当時のウェブブラウザトップシェアを誇る Netscape のナスダック上場に象徴されるように、インターネットにまつわるビジネスはブルーオーシャンでした。インターネットでなら何か新しい面白いことができる、そのように期待されていた時代です。インターネット企業への経営関与によって莫大な資産を築く人物もいました。

4-3 節　1990 年代後半

1990 年代後半に入ると、日本におけるインターネット人口は急速に増加します（図 12)。1997 年には人口の 1 割に満たなかった**インターネット利用率**は、2000 年には 4 割弱にまで増えました（総務省 2022)。

インターネット利用率が増えるに従い、それまで技術的知識が必要だったサービスの一般化と普及が始まりました。

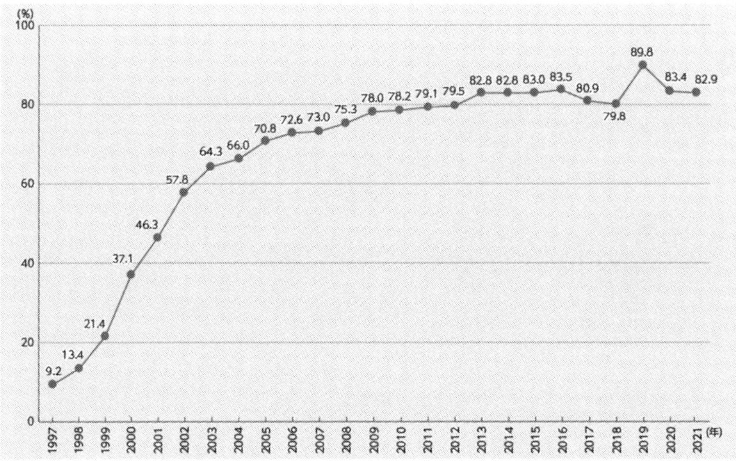

図 12　インターネット利用率（個人）の推移　（総務省 2022）より引用

1997 年には Hotmail が登場しました。今日のわたしたちにとって**ウェブブラウザでメールを読み書き**するのは当たり前のことですが、当時はメーラーと呼ばれる専用ソフトウェアが必要で、なおかつ、メールアドレスもインターネットプロバイダとの契約や企業・大学での配布など、限られた手段でしか手に入れることができませんでした。そのような状況で登場した Hotmail は、誰もが無料で登録可能かつ便利なウェブメールで、旅先のホテルなどからも家族や友人にメールのできる便利な存在でした。当然、各種ウェブサービス登録時にも活用されるようになり、インターネット利用は活性化していきます。

同じく 1997 年、日本では E コマースの最大手である楽天市場が開設されます。この時期は**日本における初期ネットバブル**とも言われており、

1996	堀江貴文氏	有限会社オン・ザ・エッヂ設立
1997	三木谷浩史氏	エム・ディー・エム（楽天）設立
1998	藤田晋氏	サイバーエージェント設立

と、今日の日本のインターネット文化や経済を支える下地が生まれた時期でした。インターネットという新たなテクノロジーに対し、面白そうだからとりあえず何かやってみようという精神と同時に、何かを成し遂げたいというアントレプレナーシップがこの時代の起業家たちを支えており、新たなインターネットビジネスが次々に登場しました。

1997年、楽天の開設初月、売上32万円のうち18万円は三木谷氏の購入によるものだったと言われています。「インターネットで人はモノを買わない」と言われた時代にスタートした楽天は、その後、2004年には東北楽天ゴールデンイーグルスの誕生、子会社化を通じた金融事業強化など、多岐にわたる事業展開をしています。グループサービス内での回遊性を高める楽天**エコシステム**の構想が語られています。

楽天もAmazon同様に、商品レビューが可能という点において**多対多のコミュニケーションができる場**を提供しています。かつ、楽天というプラットフォーム上に数多の店舗が並び、**ユーザの経験や解釈は多様**性を帯びます。当然、ユーザ各々への購買促進のため、購買履歴等の**デジタルの足跡**が活用されています。楽天の目指すグループサービス内での回遊性向上は、**デジタルの足跡**の精緻化のプロセスでもあるのです。

また、同じく1997年、日本ではまぐまぐという**メールマガジンサービス**、teacupという**個人向け掲示板サービス**が提供され始めました。

まぐまぐをはじめとするメールマガジンは、ブログ普及前の重要なインターネットメディアでした。ソーシャルメディアのように多対多の場ではなく、**個対多のメディア**である点は、マスメディアのメディア特性をそのままインターネットに持ち込んだと捉えることもできます。2001年には、当時の首相であった小泉純一郎が小泉内閣メールマガジンを開始し、国民へ直接声を届けるメディアとして活用しました。マスメディアを通さず生の声を多くの国民に届ける手段として、総理大臣交代後も内閣メールマガジンは20年間続けられました。

teacup 掲示板は、自作ホームページに設置されることが多く、訪問した際の挨拶やコミュニケーションに使われていました。個人を起点とした小さなコミュニティ形成に貢献したソーシャルメディアの1つです（佐々木 2018）。掲示板もまた、ホームページ管理者を起点として**多対多のコミュニケーションができる場**であり、なおかつ来訪者同士によるやりとりの露出・覗きがコミュニケーションの盛り上がりの可視化につながりました。オンライン上にある掲示板に集う来訪者は社会的立場が一様でなく、結果として**経験や解釈の多様性**も生まれました。

1998年にはGoogle検索が登場します。1995年にスタンフォード大学内で出会ったラリー・ペイジとサーゲイ・ブリンがガレージで起業したことは有名ですね。2023年の今日、検索エンジンのシェアにおいてGoogleは独走状態を続けています。

Google登場以前、既に多くの検索エンジンが存在していました。そのような状況でGoogleが新しかったのは、**PageRank**と呼ばれるアルゴリズムを導入した点です（Brin and Page 1998）。PageRankとは、被リンクによってページの重要度を測定し、検索結果の順位に反映させるアルゴリズムです。被リンクをユーザからの投票と見做す、ウェブにおける民主主義を目指しました。ウェブにおける民主主義というのはピンとこないかもしれません。例えば専門家のような権威による知の編纂ではなく、普通の人々の投票によって知の編纂が行われるという意味で民主主義的だという考え方です。サービス開始当初のGoogleは、ユーザに関わらず検索結果は同じでした。しかしGoogleは、2005年より検索結果をユーザの行動履歴に応じてパーソナライズする取り組みを始めます。それは、ユーザの検索という行動を**デジタルの足跡**として蓄積し、行動履歴に基づいて検索結果を調整するという取り組みです。パーソナライズが極端になると、偏った検索の繰り返しを通じて偏った結果を見続けるという循環に囚われてしまいかねません。第２章でも触れた通り、それはジョージ・オーウェルによって描かれるニュースピークの世界と隣接しています。

1998年は、日本でクックパッドが誕生した年でもあります。当時、インターネットではさまざまなサービスが生まれていました。しかし、その当初から採算がとれていたビジネスはほんのわずかで、まずはサービスを運用し、多くのユーザに使ってもらいたいという思想を形にしたサービスがスモールメディアとして次々に生まれていく時期でした（佐々木 2018）。当時は、インターネット上の情報やサービスは無料であるというのが一般的な認識で、サブスクリプションやフリーミアムといった収益モデルはしばらく後に登場します。

クックパッドは、料理レシピという専門に特化した**多対多のコミュニケーションができる場**の先駆けでした。レシピの投稿という露出を通じて日常生活で誰に褒められることもない料理という行為を共有し、家族以外の人からの覗きは時に承認欲求も満たしたことでしょう。同じ料理でも何百、何千と投稿されるレシピは、**多様な経験や解釈**を象徴する存在です。また、クックパッドではユーザのレシピ検索結果をメーカーや小売業などに向けサービス化しており、**デジタルの足跡**をプラットフォーム外でも活用しています。

1999年、日本では匿名掲示板の２ちゃんねる（現５ちゃんねる）が登場しました。匿名掲示板も、**多対多のコミュニケーションプラットフォーム**であり、**無数にあるトピックとの付き合い方は多様**で、ソーシャルメディアの１つとして捉えられます。

日本は諸外国に比べ、インターネット利用における**匿名率**が高いと言われています（総務省 2014a）。その理由の１つに、２ちゃんねるの存在が挙げられます。1999年に登場した２ちゃんねるが社会的に注目を集めたのは、翌2000年のことでした。2ちゃんねるにバスジャック事件の犯行予告を書き込んでいたことで注目を集め、**インターネットへの投稿がマスメディアによって１次情報として報道される出来**

事としても注目されました（辰巳 2000）。

米国では、ブログがマスメディアではない新たなメディアとして力を持つという流れがありましたが、それは、実名での批評空間の獲得という社会的文脈でした。一方、日本では、匿名掲示板文化が犯罪と結びついて報道され社会的に認知されたこともあり、匿名利用という形態が受け入れられると同時に、インターネットは危険な場であり個人と結びつくような情報を発信してはいけないという指導もなされていました。

1999年、日本ではYahoo!オークション、中国ではBtoBマーケットの阿里巴巴が登場しました。その後、阿里巴巴集團は、現在ではさまざまな形態のEコマースを展開し中国屈指のシェアを誇っています。@cosmeが登場したのも同年です。クックパッドと同じく、**特定テーマに特化したソーシャルメディア**の先駆けです。

同じく1999年、日本では携帯向けインターネットサービスのｉモードが開始します。SNSやソーシャルゲーム人気を支える情報環境が構築されました。

2000年には価格.comが登場します。価格.comは、元々97年に開始したサービスで、創業者の槙野光昭氏が１人でパソコンおよび周辺機器の店頭価格を調査・Excelで公開するサイトを運営していたのが始まりでした。当初は価格情報のみを提供していましたが、のちに利用者による**クチコミ投稿の場**を提供し、それを付加価値としてサービスを拡大していきました。この利用者によるクチコミ、すなわちソーシャルメディア的側面にサービスの価値を見出したのはカカクコムの２代目社長である穐田誉輝氏でした。穐田氏はのちにクックパッドの経営にも参画するなど、日本のインターネットビジネスの拡大に大きく貢献している人物です。パソコン周辺機器の店頭価格公開から始まった価格.comですが、その後さまざまなカテゴリに水平展開し、今ではあらゆる商品に関する価格とクチコミを知ることができ、その意味で2ちゃんねると同様に、**数多あるトピックとの付き合い方は多様**です。

4-4節　2000年代前半

2001年には**Wikipedia**が登場します。Wikipediaは、不特定多数の利用者が記事を編集できるwikiと呼ばれるシステムを利用したオンライン百科事典です。百科事典は専門家などの権威が作るもの、という常識を覆す存在であったWikipediaは、**集合知**という新たな知のあり方として注目を集めました。研究対象としても1大ブームを作ったWikipediaは、記事の正確さの評価や執筆者の協働、さらには情報資源としての活用も盛んに行われました。

Wikipediaもまた、ソーシャルメディアと捉えることができます。記事それ自体やその背後にある議論のページは、**多対多のコミュニケーションができる場**として機能しています。不特定多数による記事の執筆それ自体が多対多のコミュニケーションなのです。また、Wikipediaの執筆者は皆それぞれの専門や関心に応じてWikipediaに関わっており、目的や意欲の程度もさまざまです。そのため、ある人にとってWikipediaの編集とは権威の知に対抗する崇高な使命であり、ある人にとってWikipediaは決して信頼性の高くない未熟な百科事典であり、というように、それぞれにとっての**経験や解釈は多様**にあります。Wikipediaが興味深いのは、**デジタルの足跡**をプラットフォームの機能として取り入れている点です。各ページに用意されている履歴表示機能はページの変遷の記録であり、場合によっては記事内容の差し戻しをするための根拠となります。

2001年にはデジタルアーカイブサービスのWayback Machineが開始し、インターネット上のコンテンツを保存するという動きも見られました。これは、デジタルの足跡としてコンテンツのスナップショットを保存してゆく壮大なプロジェクトとも捉えられます。

2002年には、いくつかの大きな出来事がありました。まず米国では、ブロガーによる政治家の煽動的な発言に対する批判が、ブログの社会的認知向上をもたらしました（Burkeman 2002）。マスメディアの制約から解放されたジャーナリズムの新たな場として、インターネットが注目されたのです。米国のブログ製品企業の草分けであるSix Apartは、2001年に創業し、このようなブログ文化に大きく貢献しています。

同年、SNSのFriendsterが登場します。サービス開始から数ヶ月で利用者が数百万人にのぼり、2003年に音楽を中心としたSNSのMyspaceが登場するまで、SNSの分野では独走状態でした。友人同士でつながり合い**多対多のコミュニケーションができる場**として、SNSが誕生した瞬間でした。

さて、2002年の日本の状況を見てみると、携帯向けプロフィール共有サービスの**前略プロフィール**が登場しました。**フィーチャーフォン（ガラケー）**全盛期に10代の若者を中心に流行したプロフと呼ばれるサービスは、大半が携帯端末からの利用だったと言われています。前略プロフィールは、主にオンライン上にプロフィールを作り交換するという使われ方をしていました。一方、かつて自作ホームページに設置されたような掲示板機能を付与することも可能で、プロフィール管理者を起点とした**多対多のコミュニケーション**もできるメディアとなっていました。2000年代は、のちに登場するSNSやソーシャルゲームなどさまざまなコンテンツがガラケーという1つの端末を通じて楽しまれるようになり、それまでPCだけがインターネットの入口だった時代から大きく変容し始めたタイミングとなりました。

このように、2002年頃までに開設された各種サービスを追うと、当時のインターネットには新たな空間として注目を集める存在が次々に生まれ、例えばAmazon.comのようなEコマースを主な機能とするサービスにもソーシャルメディア的側面を見てとることができました。

Amazon や Wikipedia は、今や世界中どこからでもアクセス可能なプラットフォームであり、確かにマクルーハンの説いた**グローバル・ヴィレッジ（地球村）**化は急速に進んだと言えるでしょう。一方で、Amazon や Wikipedia といった巨大プラットフォーム上で行われるコミュニケーションに見受けられるのは、言語や文化によって生まれる局所的なローカル・ヴィレッジ化です。同一プラットフォーム上だけでなく、多くのサービスは**ローカル・ヴィレッジ**としても存在しています。その意味で、オンラインの世界は**グローバル・ヴィレッジとローカル・ヴィレッジが併存する多層的空間**になっていったと捉えられます。

演習

演習 4-1

2002 年ごろまでに登場した任意のサービスを 1 つ挙げ、ソーシャルメディアの 3 つの特徴に照らし合わせ、メディアとしての特徴を考察してください。3つの特徴のすべてが満たされていなくても構いません。

演習 4-2

同じプラットフォームに対して、友人と経験や解釈が異なると感じたことはありますか。具体的な例を示しながら説明してください。（例：友人は Instagram を E コマースサイトとして活用しており、洋服やコスメを購入するためのメディアとして捉えているが、自身では Instagram は周りの友人とのメッセージングサービスとして使っている、など。）

第5章

ソーシャルメディア史（後半）

第4章では、ソーシャルメディアを歴史的に捉え、日本を中心とした状況について、1993年から2002年までを見てきました。本章でも、以下のソーシャルメディアの3つの特徴を参照しながら、2003年以降の流れについて一緒に学んでいきましょう。

- ▶ 多対多のコミュニケーションができる場
  - ▷ コミュニケーションは露出と覗きが前提
- ▶ 個別最適に基づく経験や解釈の多様性
- ▶ 行動がデジタルの足跡として蓄積

2003年の内容連動型広告の登場は、多くのソーシャルメディアサービスの収益化を助ける仕組みとなりました。同時に、データへの眼差しが顕在化し、のちに行動履歴データをデジタルの足跡として活用する方向へと進みます。デジタルの足跡はサービス上での情報推薦や広告表示のために活用され、経済活動と密接に結びつくようになっていきます。

5-1 節　サービス開設などの年表

ソーシャルメディアに関連する重要なサービス開設時期などを表 8 に示します。本章では、2003 年以降の出来事を対象に、メディアの登場と社会状況について理解していきます。

表 8　ソーシャルメディアに関連する重要なサービス開設時期など

2003	Google アドセンス（広告配信） LinkedIn（ビジネス特化 SNS） Myspace（SNS） deli.cio.us（ソーシャルブックマーク） Skype はてなダイアリー、ライブドアブログ、ココログ SecondLife
2004	mixi、GREE（SNS） Facebook Flickr（写真共有） Yahoo! 知恵袋 ライブドアリーダー（RSS リーダー） アメーバブログ
2005	YouTube 食べログ Google パーソナライズド検索 Google Reader Gmail
2006	ニコニコ動画 X/Twitter モバゲータウン
2007	Tumblr Ustream pixiv 釣り★スタ

2008	iPhone3G が日本市場へ Apple App Store GitHub（ソーシャルコーディング） Airbnb
2009	Foursquare（位置情報共有） Weibo WhatsApp NAVER まとめ
2010	Instagram Pinterest Uber（ライドシェア）
2011	LINE Snapchat
2012	パズル & ドラゴンズ
2013	モンスターストライク Ingress SHOWROOM
2016	TikTok AbemaTV Pokémon GO

5-2 節　2000 年代前半

00 年代前半のソーシャルメディア、それを支えるインターネット空間を理解する上で重要な出来事が 2 つあります。1 つ目は**チープレボリューション**です。チープレボリューションとは、Forbes のリッチ・カールガードが提唱したキーワードで、**技術的コストの低下、グローバルな労働力の確保、人材と資本を結びつけるインターネットの 3 つによってソフトウェア開発のコストが劇的に安くなる現象**を指します（Karlgaard 2005）。例えば、サーバ価格は 2001 年から 2005 年にかけて 1/50 にまで安くなったと言われています。加えて、ソースコードが公開され、無償で誰でも自由に改変や再配布が可能なオープンソースソフトウェア（OSS）利用の広まりもあり、システム運用コストが劇的に下がりました（佐々木 2018）。

2つ目は、2003年の**Googleアドセンス**の登場です。Googleアドセンスとは**内容連動型広告の配信方法**で、ウェブページの内容をGoogleが解析し、関連性の高い広告を自動的に配信する新たな仕組みです。ページ内容と関連性の高い広告を配信できることから広告効果が高く、ページビュー（PV）が大量になくとも広告が機能するという利点がありました。それまで、インターネット広告はバナー広告や枠売り広告が主流で、その形態はマスメディアによる広告の機能を模倣したものでした。そのため、例えばYahoo!JAPANのトップページはページビューが多かったため広告効果も高かったのですが、ページビューの少ない個別のページは広告効果が低いという問題がありました。しかし、内容連動型広告の登場によって、ページビューの低いウェブページにも、ページ内容と連動した効果的な広告が配信できるようになりました。もちろん、1ページあたりの広告効果は微々たるものですが、サービス内のあらゆるページにおいて内容と連動した広告が配信されるようになれば、全体としての広告売上高は非常に大きなものになります。内容連動型広告の登場は、利用者がコンテンツを作るソーシャルメディアのようなサービスにぴったりで、このような広告の登場によって各種サービスが事業としても成り立つようになりました（佐々木 2018）。

さて、このような技術革新が進んだ時代背景のもと、さまざまな人がウェブサービスの開発に参入し、さらに、それらのサービスを利用して発信する人々も増えていきました。サーバの知識やHTML言語の習得が不要になったことで**誰もが発信者**になれるようになったこの時代、インターネットは不特定多数の人々を受動的なサービス享受者ではなく能動的な表現者として誕生させたのです。このように、かつては情報の受け手としてしか存在し得なかった人々も発信者となった新たなウェブの状況は**Web2.0**と呼ばれました（O'Reilly 2007)。

誰もが発信者となれるようになったこの時代、インターネットは世界中の人に向けた情報発信や表現の場になり、後に梅田望夫はWeb2.0を背景にしたこの時代を**一億総表現社会**の到来と表現しました（梅田 2015)。ブログの流行はまさにその現れでした。

2003年は**ブログブーム**が日本にも到来した時期で、サーバへのホスティングなどの手間をなくしたブログサービスのはてなダイアリーやライブドアブログ、ココログなどさまざまなブログサービスが登場しました。ブログは、個人での発信が一般的ですが、読者と**多対多のコミュニケーションができる場**であり、広い意味ではソーシャルメディアと捉えることができます。しかし、ブログは提供するサービスが数多く存在するだけでなく、個人サーバにホスティングも可能であ

寄り道：Web2.0と協働

Web2.0というウェブの新たなフェーズの到来によって、あらゆる人が表現者となるだけでなく、協働によってあらたな創造が可能になる。多くの人々がそのような希望を胸に抱きました。

協働という観点で、Wikipediaというマス・コラボレーションの場にも注目が集まりました。大多数の非専門家によって執筆され、いつでも誰でも編集が可能なWikipediaは信頼できるのか。Wikipediaの登場以前、プログラマのエリック・レイモンドは、同じくマス・コラボレーションによって開発されるLinuxを例に、「目玉の数さえ十分あれば、どんなバグも深刻ではない」と述べました（レイモンド 1999)。WikipediaもLinuxも改善を繰り返し続ける永遠のベータ版と呼ばれますが、それは、多くの人々の協働があってこそ実現するのです。

り、特定のプラットフォームに依拠したメディアではありません。他の多くのソーシャルメディアサービスのようなプラットフォーム上での行動履歴データ（シャドウテキスト）の活用は少なく、むしろ、メディア特性としてブログに注目すべき点は、米国におけるマスメディアの制約から解放されたジャーナリズムの新たな場に代表される**マスメディアに対するカウンターカルチャーとしての役割**です。

2003年の様子を続けて見ていきましょう。発信者としてのインターネット利用者の増加に従い、**インターネット外の社会のインターネット上への写像**も起こるようになりました。汎用型SNSのMyspaceやビジネス特化型SNSのLinkedInはその顕著な例です。Myspaceは、2003年にサービスが開始された、米国10代の若者を中心に世界的に支持されたSNSです。インターネット黎明期、まだユーザ数の少なかった頃、オンラインコミュニティは関心を共にする遠方の誰かとの距離を埋める存在でしたが、ユーザ数の増加に従って必然的に身の回りの人ともつながり合う、インターネット外の社会の写像が起こるようになりました。そうして、Myspaceにおける自己表現は、教室での友人関係にも影響を及ぼしていくようになります（タークル2018）。

当時のMyspaceは、世界でもっとも**大人数同士でのコミュニケーションができる場**として注目されていましたが、注目すべきは2006年という早い時期に**デジタルの足跡**を広告に活用しているという点です。Googleは9億ドルでMyspaceの検索と広告機能の独占契約を行い、検索キーワードというデジタルの足跡に基づく広告表示に取り組みました。2005年のGoogle検索パーソナライズ実装から間もないSNS空間への挑戦でした（Olsen 2006）。

2003年には更に、ソーシャルブックマークサービスのdeli.cio.usのように、人と情報を共有する仕組みに多様化がみられるようになってきました。音声通話のSkypeも登場し、インターネットを通じたコミュニケーションはテキストからマルチメディアに展開します。この頃、米国ではメタバースの先駆けであるSecondLifeも登場しました。SecondLifeは、現実世界における移動コストや身体的特徴から解放され、多対多でコミュニケーションができる場を目指しました。3次元仮想世界化されたバーチャルコミュニティでは、仮想空間上の土地を購入したり、そこでコミュニケーションや授業をしたりと多くの挑戦で賑わいましたが、3次元アバターや仮想空間の描画は今日ほどには成熟しておらず、積極的なユーザは一部のみでした。

2004年はSNSの成長の兆しが見える年となりました。米国でマーク・ザッカーバーグがFacebookを生み出した年です。当初はハーバード大学生向けに開発され、フィードもなく自己紹介とネットワーキングが主な機能でした。2004年当時のFacebook上の広告は、1日あたりわずか10～40ドルの枠売り広告（すべてのユーザに同じ広告を表示）だったと言われています（Grove 2014)。その後、2005年にグループ、2006年にフィード、2008年にチャット機能を追加していきました。さらに、2009年にはフィードをアルゴリズムによって順位づけして並び替えるようになります（Oremus et al. 2021)。元々大学内という**特定多数のコミュニケーションができる場**として始まっているFacebookは、2006年に登場したX/Twitterに対抗しフィード機能を充実させ、その表示順をアルゴリズムで調整することで、幾度もフィードにアクセスしたくなるようなアーキテクチャへと変貌を遂げていきました。Facebookはプラットフォーム上で得られるあらゆるデジタルの足跡をフィードのアルゴリズム調整に活用しますが、その効果を強力にしたのはユーザの知り得ない**シャドウテキスト**なる行動履歴データです。実名登録を基本とし、ユーザ相互のコミュニケーションを活性化するアルゴリズムを次々に実装していくFacebookは、世界で最も**デジタルの足跡**が蓄積される、広告効果の高い場となっていきます。

寄り道：映画『ソーシャル・ネットワーク』

デヴィッド・フィンチャー監督によるFacebook創業時をモチーフとした映画『ソーシャル・ネットワーク』を観てみましょう。

▼映画『ソーシャル・ネットワーク』

2004年、日本では後に日本最大のSNSとなるmixi、ソーシャルゲーム転換前のGREEがSNSとして勢いよくスタートしました。mixiは、2004年のサービス開始時には5万人だった利用者が、2005年には200万人、2007年には1,000万人と急激なスピードで成長していきました（図13）（鳴海 2010）。創業者の笠原健治氏は、先行SNSのFriendsterを日本向けにローカライズするところから着想を得、その際、日本に既にあったウェブ日記の文化を踏襲したと言われています（佐々木 2018）。また、オープンソースソフトウェアによる低コスト化と優秀な若手エンジニアの活躍が大きく貢献し、まさにチープレボリューションの波に乗った存在でした（清嶋 2007）。

SNSの特徴は、**多対多のコミュニケーション**が不特定ではなく**特定多数**と行われることを想定している点にあります。すなわち、ウェブのように開かれた場ではなく、見知った友人とのやりとりに閉じており、なおかつそれは特定多数の友人に露出するという仕組みです。mixiは招待制で交換日記のように利用者間で交流するだけでなく、

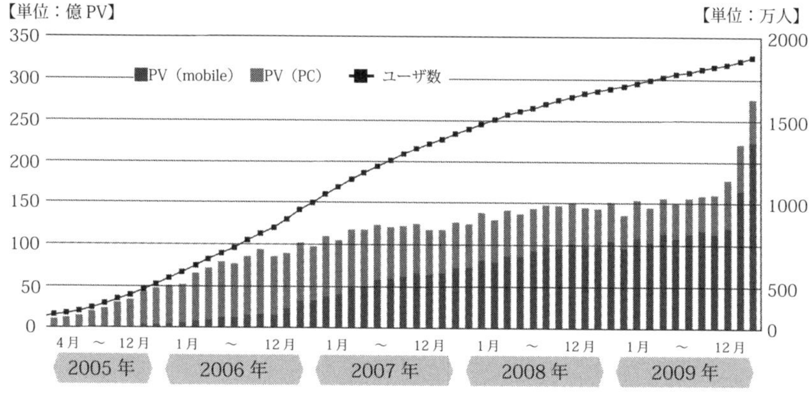

図13　mixiユーザ数の推移（鳴海 2010）より引用

ユーザ間の来訪記録という**デジタルの足跡**を文字通り**足あと**という機能で実装し、各ユーザへ公開しました。こうして、自身のページへの来訪記録を確認したいユーザの心理を巧みに応用してプラットフォームへのアクセスを活性化し、mixiは若者を中心に大いに受け入れられていきました。

オンライン上のコミュニケーションは研究対象としても注目されてゆきます。社会学者の北田暁大は、このようなコミュニケーションの内容よりもコミュニケーションを取ったという事実に主たる目的が置かれる自己充足的なコミュニケーションについて、自己の社会的存在をつながりによって確認する**つながりの社会性**という特徴を指摘しました（北田 2005）。また、高頻度なコミュニケーションから来るmixi疲れなる言葉も誕生しました。対面であれば会わない間に途切れたはずのコミュニケーションが、オンラインにも写像されたことで24時間地続きになってしまったためです。

mixiは、SNSというプラットフォーム内でのコミュニケーションを目的としたサービスのため、特定ドメイン（mixi.jp）内は検索エンジンにクロールされない、言い換えるとGoogle検索の結果に表示されない仕組みでした。一億総表現社会と呼ばれたWeb2.0は魅力的な一方、裏を返せば世界中の誰にでも届き得るリスクがあるということでした。それに対してSNSと呼ばれるサービスは発信内容の公開範囲を限定できることから、仲間内でのコミュニケーションに特化したメディアとなっていきます。

mixiへの高頻度なアクセスは、そのままページビューの増加につながりました。ユーザの各ページへのアクセス数は微々たるものでも、各ページの内容に応じた連動型広告を配置することで、mixiは広告収益を伸ばします。

2004年には、写真共有サービスのFlickrや、ウェブサイトの更新情報を取得するRSSリーダーも登場しました。情報取得について、ソーシャルメディアのフィードに流れてくるもので十分と考える受動的接触派の存在は第1章で見た通りですが、ブログをはじめとするさまざまな情報発信に溢れたこの時代、どのようにして多くの投稿に目を通すか、その手段の1つとしてRSSリーダーが生まれました。こうして、**一般人の情報発信を一般人が読む**というスタイルが定着していったのです。また、同年アメーバブログも登場しています。ブログサービスとしては後発に類する時期の登場でしたが、コメント欄への人力での対応などが細やかに行われることで、多くの有名人・著名人が利用するようになりました。それまで、有名人・著名人の多くはマスメディアでの露出のみが一般的でしたが、このようなマネジメントの入るブログサービスの登場によって、**大衆に向けた有名人・著名人のインターネットにおける発信が徐々に一般化**していきました。前述した通り、ブログはマスメディアに対するカウンターカルチャーとしての役割も担っていましたが、有名人・著名人にとって、マスメディアを介することなくファンへ声を届け、時にファンとの相互コミュニケーションも可能な、新たな発信手段にもなりました。

また、同じく2004年、2ちゃんねる発の「電車男」が話題になりました。2ちゃんねるへの書き込みを基にしたラブストーリーで、小説や映画、テレビドラマへと展開されました。このように、インターネット掲示板独特の文化がマスメディアを通じて大衆に届くようにもなり始めました。

5-3 節　2000 年代後半

2005 年には、YouTube が登場します。動画コンテンツを通じて**多対多のコミュニケーションができる場**として生まれた YouTube は、無料で動画を投稿できる稀有な存在でもあり、非常に注目を集めました。しかし、当初は広告も存在せず、サービス自体の収益化の目処が立たないままでした。

YouTube は 2006 年に Google によって買収されました。2007 年より動画広告による収益化が望めるようになり、動画発信プラットフォームとしての地位を確立していきます。閲覧履歴などの**デジタルの足跡**は、「**次の動画を再生**」機能にも活用されています。閲覧履歴

寄り道：世界で初めての YouTube 動画

YouTube 創業者のひとりであるジョード・カリムによって投稿された、世界で初めての YouTube 動画を見てみましょう。

▼ jawed：Me at the zoo

からお薦めされる動画は当然好奇心を唆られる内容のものであり、自動再生されることで、ユーザの滞在時間はますます増えていくのです。プラットフォーム上のコンテンツが魅力的なものになる1つの理由に、2012年から始まったコンテンツ投稿者への広告収益の還元があります。収益化を目的に、YouTuberと呼ばれるクリエイターも登場し、コンテンツの質も向上するという循環が生まれました。

今日のYouTubeには、テレビ局をはじめとするマスコミも参入し、誰もが当たり前のようにアクセスする巨大プラットフォームになっています。しかし、同じYouTubeと言っても、各々が観ているコンテンツはまったく異なり、**個別最適に基づく経験や解釈の多様性**がはっきりと確認できます。それはまるで、一人ひとりに専用チャンネルが用意されているかのような状況です。

2006年、日本では動画共有サービスであるニコニコ動画が登場します。既にYouTubeが存在していたものの、ニコニコ動画の本質的な特徴は動画共有ではなく**動画コンテンツを媒介にした仮想リアルタイム型コミュニケーション**にありました（濱野 2015）。動画にコメントを書き込み、書き込みのタイミングで他の利用者にも表示される仕組みによって、動画を介して擬似的に盛り上がりを体験できるメディアとして、ニコニコ動画は急速にユーザ数を増やしていきました。それまで**多対多のコミュニケーション**は投稿が任意のタイミングで閲覧されるような非同期型か、あるいはグループチャットやSecondLifeのような同期型に分けられるのが一般的であり、同期型は同時性が求められることからコミュニケーションコストが高いという課題がありました。しかし、擬似同期であれば、非同期型で同期的な盛り上がりを感じられます。ニコニコ動画は、擬似同期によって、いつでもみんなと一緒に盛り上がれる**多対多のコミュニケーションの場**を提供しました。ちなみに、テレビ番組を観ながらSNSなどに投稿することを日本では実況、欧米ではSocial TVなどと呼ぶことがあります。プラットフォームに参加する人口が増えるほど、同期的コミュニケーションで盛り上がることもできるようになっていきます。

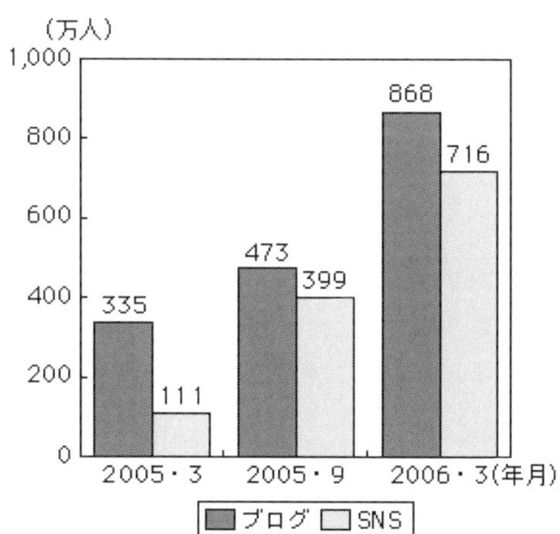

図 14　ブログおよび SNS の登録者数の推移
（総務省 2006）より引用

2006 年、X/Twitter が登場します。当時隆盛を極めていたブログよりカジュアルでインスタントなメディアとして登場した X/Twitter は、パソコンでの使用が主流でした。そのため、新しい技術に関心のあるエンジニアや研究者、時間に余裕のある大学生がパソコンに向かい合っている長い時間の合間に使用するというスタイルから始まりました。パソコンに向かい合っている人同士、短文で気負わず**多対多のコミュニケーションができる場**として始まった X/Twitter は、当時、タイムラインには時系列でコンテンツが並んでいました。そのため、多くのユーザに投稿を目にしてもらいたい場合、その工夫の１つとして「ユーザ数が多くアクティブの時間帯に投稿する」といった工夫もなされていました。その後、Facebook のフィード表示にアルゴリズムが導入され他のサービスが追随していったのと同様に、X/Twitter も**デジタルの足跡**をコンテンツ推薦や広告表示のために活用するようになっていきます。

当時の日本におけるブログと SNS の利用者数推移を図 14 に示します（総務省 2006）。Web2.0 の雰囲気に満ちたインターネット空間で、人々は次々に表現者となっていきます。その結果、マスメディアによる発信ではない、すなわち著名人や権威の発信ではない、ふつうの人の発信を閲覧することがあたりまえの時代が到来しました（佐々木 2018）。

2006年、日本ではモバイル端末（ケータイ、ガラケーなどと呼ばれるフィーチャーフォン）にとっても重要な出来事がありました。それは株式会社ディー・エヌ・エーによる携帯向けゲームサイト・モバゲータウンの登場です（図15）。それまで、携帯キャリア公式の携帯向けゲームのほとんどは有料でしたが、モバゲータウンは広告による収益を目指した新しいビジネスモデルで運用されました。広告収益向上のためユーザの滞在時間を増やす仕組みとして、ユーザ同士のコミュニケーションを増やすケータイゲームだけでなく、ケータイ向けSNSが導入されました（岡田 2006b; 佐々木 2018）。モバゲータウンはその後、社外の開発者がゲームを提供できるようAPIを解放し、開発の場を提供する**プラットフォーム化**することで、その価値を向上させています。

2007年には、マイクロブログの亜種としてTumblrが登場します。Tumblrは一般的なブログとしての使われ方以外に、投稿をシェアするリブログ機能が特徴でした。それまで、オリジナルの投稿を発信するのが主流だったインターネット上で、徐々に**シェア（共有）**の概念が浸透していきます。

同年、米国ではストリーミング配信に特化したUstreamが、日本ではイラスト特化型SNSのpixivが登場します。ふつうの人の表現が、さまざまな方向性で実現されていった時期です。pixivは、イラストという共通の関心がある不特定多数に向けた**多対多のコミュニケーションができる場**として、国内では他の追随を許さない存在となりました。さらに、閲覧履歴などの**デジタルの足跡**によって次々にコンテンツが推薦されることで、閲覧者の利便性が高まるだけでなく、投稿者にとってもより多くの人に閲覧される機会が増えるという利点があ

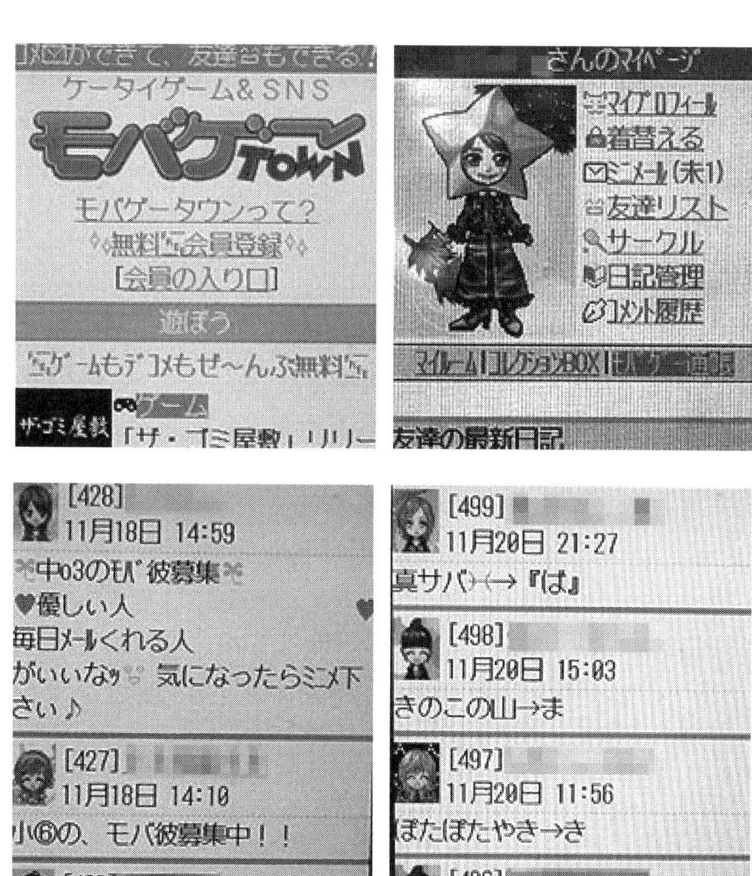

図 15　当時のモバゲータウンのイメージ（岡田有花 2006b）より引用

り、デジタルの足跡を活用した推薦が役立てられました。

同じく2007年、ケータイ向けゲームの釣り★スタがGREEより配信されました。当初はPC向けSNSとして登場したGREEでしたが、モバイル向けゲーム開発に舵を切り、以降では業界を牽引していく存在となります。

2008年、iPhone3Gが日本市場へ進出し、スマートフォンはガラケー

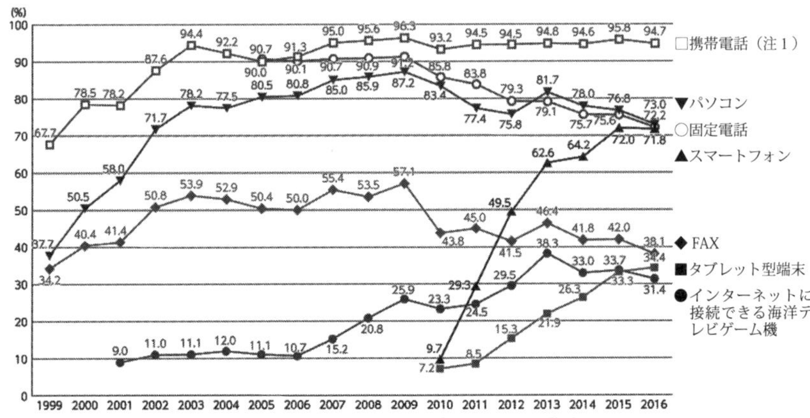

図16　我が国の情報通信機器の保有状況の推移（世帯）
（総務省 2017）より引用

からシェアを奪っていきます（図16）（総務省 2017）。加えて、モバゲータウン同様、Apple も App Store というアプリ開発のプラットフォーム化を通じて開発者の参画を促しました。このようなプラットフォーム化は本家の活性化につながり、インターネット上のさまざまなメディアにおけるプラットフォーム戦略が一般化していきます。

同年、ソーシャルコーディングを標榜する GitHub、バケーションレンタルサービスの Airbnb が登場します。これまで、ソーシャルメディアの主流はインターネット上に閉じた情報コンテンツ発信でしたが、Airbnb は現実世界の宿泊を提供するプラットフォームです。このように、徐々に現実世界と地続きの場として、そして、現実世界の拡張の場として、インターネットが位置付けられるようになっていきました。Airbnb は最低限のサービスでミニマムにスタートし、ユーザの反応に応じて改善を重ねるリーンスタートアップ方式でも有名となりました。

2009 年、位置情報共有サービスの Foursquare が登場します。このようなサービスの登場は、ソーシャルメディアがPCで使用するものからモバイルで使用するものへシフトしていった証左とも言えるでしょう。パソコンの画面から離れ、位置情報を通じ**多対多のコミュニケーションができる場**となったFoursquareは、人の動きをデジタルに可視化するだけでなく、**場所に新たな意味づけ**をするメディアとなっていきました。このようなメディアと場所の結びつきは、のちに多層的な観光的価値や魅力を運用するメタ観光なる新たな観光概念を生みました（菊地 2020）。

同じ2009年、日本ではキュレーションサービスの先駆けであるNAVERまとめが登場しました。2ちゃんねるのまとめサイトに代表されるキュレーション文化が、NAVERまとめのようなキュレーションサービスの登場によって一般ユーザに普及していきます。まとめ文化に代表される各種キュレーションサービスは、ページビューに応じた経済的報酬が情報発信のインセンティブとなったことから、**より多くの人の関心を惹きやすい娯楽的内容の情報が量産され発信されるように**なりました（佐々木 2018）。加えて、そのような娯楽的内容の情報には違法な無断転載が少なくなく、かつては一億総表現社会という輝かしい未来が想像されたものの、表現される内容は当初目指された未来とは異なる現実がここにありました。

5-4節　2010年代後半

2010年、Instagramが登場します。既にFlickrなど写真共有サービスはあったものの、スマートフォンからの投稿に特化していたこと、（当初は）写真サイズを1:1の正方形に限定し、フィルターを用いてアーティスティックな表現ができることで若者を中心に人気を得ていきました。Instagramはのちに Facebook傘下となりますが、YouTube同様に買収前後でメディアの雰囲気はやや異なります。Facebook傘下となる前はスマートフォンで撮影したなんてことのない写真をフィルターで少しアーティスティックに加工し、主に**特定多数に向けて多対多のコミュニケーションを楽しむ場**でした。

Facebook傘下となってから、Instagramは広告収益を目指すプラットフォームとして徐々に様変わりしていきます。一方では、**デジタルの足跡**に基づいた詳細なターゲティングを通じてカスタマイズ性の高い広告が低価格から出稿可能になり、Instagramはクライアントが意図するターゲットに向けてグラフィカルな広告を出稿できる場となりました。もう一方では、インスタグラマーといった投稿するコンテンツの専門性とクオリティが高く収益を目指したユーザが多数登場していきました。インスタグラマーは専ら、自身が抱える多数のフォロワーに向けて商品等をPRすることで広告収益を得ます。フォロワーが多いほど広告収入も高くなることから、スマートフォンではなく専門の機材を用いて撮影を行うような（セミ）プロフェッショナル化が起こりました。

Instagramは世界で最も大きな画像・動画共有ソーシャルメディアであり、あらゆるジャンルのコンテンツが投稿されていることから明らかなように、**個別最適に基づく経験や解釈の多様性**がありありと見て取れます。例えば、Instagramの（検索）を開くと、ユーザの**デジタルの足跡**に基づくお薦めが次から次へと表示されます。どのようなお薦めが表示されるでしょうか。Instagramは同年代の子育て情報を得る場であり、インスタグラマーのメイク動画をチェックする場であり、と万華鏡のように多様な経験や解釈を提供するプラットフォームです。

フォロワー数や閲覧数が直接的に収益につながるインスタグラマーだけでなく、収益化とは縁のない多くのユーザにとっても、**いいね**に代表されるリアクション数や閲覧数は、コミュニケーションの存在を可視化してくれる刺激的な存在です。しかし、このように人々の関心を得るために競い合う**アテンション・エコノミー**（Wu 2016）なるビジネスモデルによって、ユーザらはプラットフォーム上で事業者の経済的利益を最大化するためにコンテンツを他律的に摂取させられているという指摘もあります（鳥海 and 山本 2022）。Instagramは、かつてはいいね数を表示していましたが、のちに、メンタルヘルスの健康のため、いいね数を非表示にするようになりました。私たちユーザが健康的なメディア接触のあり方を考える必要があると同時に、プラットフォームを運営する事業者もその必要性に迫られています。

2011年にはLINEが登場します。LINE登場以前にメッセージングサービスはいくつもありましたが、東日本大震災を受けて緊急時のホットラインを目指した既読機能が時流に乗り、急速に普及していきました（野本 2013）。このようにLINEが普及したのは、同じサービスを使用しているユーザ数が多いほどにサービスから得られる効果が高まり、さらにユーザ数が増えるという**ネットワーク外部性**が働いているからだと考えられます。LINEは、機能やUI（ユーザインタフェース）が好みだからというよりも、周りのみんなが使っているから使わざるを得ない、という方は決して少なくないのではないでしょうか。

同年、米国ではSnapchatが登場します。**非永続的な写真共有サービス**はインターネット初期の文化における思想は相反するものでしたが、現在ではこのような非永続的な投稿はInstagramなどにも導入され、コミュニケーションやコンテンツの新たなあり方として若者世代を中心に受け入れられています。

翌2013年、モンスターストライク、通称モンストがMIXIより配信されました。国産SNSとして他の追随を許さなかったmixiは、スマートフォン対応の遅れやFacebookおよびX/Twitterの輸入によって求心力を失っており、業績も悪化していました。しかし、モンストの爆発的な流行のおかげで起死回生をはかります（日本経済新聞 2014）。これ以降、MIXIはゲーム会社になったかというとそうではなく、2015年には家族向け写真共有サービスであるみてねをリリースするなど、多角的に事業を進めています。

2016年、中国発のショート動画共有サービスTikTokが登場します。TikTokの爆発的人気の要因の１つにレコメンデーション（情報推薦）システムがあります。既にあらゆるサービスで情報推薦システムは導入されていましたが、TikTokでは情報推薦アルゴリズムに莫大な投資をし、結果「延々と好きなコンテンツが表示され続ける」サービスとして人々を虜にしたのです（黄 2019）。TikTokは誰もが自由に動画を投稿できるプラットフォームであり、ショート動画を通じて**多対多のコミュニケーションができる場**です。しかし、TikTok上での**行動履歴**はひたすらに関心のありそうなコンテンツを流し続けるアルゴリズムのために使われており、コンテンツを投稿したいユーザと閲覧したいユーザとの間にははっきりとした溝が生まれています。閲覧するメディアとして使っているユーザにとっては、ショート動画が延々と流れてくる**自分専用チャンネル**のような存在かもしれません。

演習

演習 5-1

2023 年時点でサービスを終了している任意のソーシャルメディアを挙げ、ソーシャルメディアの 3 つの特徴に照らし合わせ、メディアとしての特徴を考察してください。

演習 5-2

あなたがテレビを見る時と動画共有型ソーシャルメディア（YouTube、Instagram、TikTok など）を見る時とを比較すると、どのような違いがありますか？　目的や時間、リアクション、他のソーシャルメディアへの投稿や共有など、自由な観点で比較し考察してください。

第6章

ソーシャルメディアとコミュニケーション

第6章は、ソーシャルメディアとコミュニケーションについて考えていきましょう。メディアとコミュニケーションの変遷を追った後、デジタルメディアを通じたコミュニケーションの特徴について見ていきます。さらに、今日のソーシャルメディアを通じたコミュニケーションを支える機器、さらに、コミュニケーションの場で行われ得る露出と覗きを通じたリスクについて学びます。

6-1 節　3つのコミュニケーション革命

まず、井川充雄によるコミュニケーション革命とメディアの変遷の整理（井川 2022）を下敷きに、コミュニケーションの大きな流れを掴みましょう。

人は、遥か昔からメッセージを伝えるためにコミュニケーションをしてきました。目の前の仲間とのコミュニケーションには声を出したことでしょう。声も、コミュニケーションのためのメディアです。メディアとは媒（なかだち）するものと第３章で学びました。メディアという点に着目して遥か昔を想像した時、例えば遠くの仲間に危険を知らせるための狼煙は**空間の克服**が目指されていました。洞窟の壁画は、記録や同時代の仲間へのコミュニケーションのみならず、後世へ向けたメッセージとして、**時間の克服**が目指されていたかもしれません（井川 2022）。

さて、第一のコミュニケーション革命は、**文字の発明**です。文字は、紀元前 4000 年紀後半に生まれたと考えられています。この頃、文字は粘土板や亀の甲羅、石、木簡などに刻まれたようです。古代エジプトでは、英語の paper の語源にもなったパピルスが使用され、軽く耐久性があることから、文字の流通を可能にしました。また、書くという行為は、私たちの思考様式にも変化をもたらしたと言われています。ウォルター・オングは、**書くことを通じて言葉を保存する「文字の文化」は分析的な文章となる**一方、発話のみで言葉を保存する「声の文化」は累加的で冗長、多弁的であると指摘します（オング 1991）。

文字の文化に**活版印刷技術**が出会ったこと、これが第二のコミュニケーション革命です。ルネサンス期における３大発明、「火薬」「羅針盤」「活版印刷」のうちの１つです。活版印刷技術は、ドイツの職人ヨハネス・グーテンベルクが広めたことで有名です。活版印刷技術によって、それまで写本に費やされていた時間が大幅に短縮され、さらに同一性を維持した内容を大量に複製することが可能になりました。第3章では、活版印刷を出発点とする複製技術革命によって、メディアが**想像の共同体**を可能にする基盤となったというアンダーソンの指摘を紹介しました（アンダーソン 1997）。国民という集団的アイデンティティ、すなわち心に描かれた想像の政治共同体は、印刷された書物や新聞を通じて形成されていったのです。

そして、私たちはまさに今、**第三のコミュニケーション革命**に立ち会っていると井川は述べています。コンピュータやインターネットの普及による情報化は、情報の流れを増大化・加速化させ、情報の蓄積を巨大化・利用可能性の増大化をもたらしました。このような情報の流れや蓄積の極大化は、第一および第二のコミュニケーション革命でも生まれていたことが指摘されています。ただし、その規模が桁違いに大きいこと、凄まじいスピード感で変化し続けている点に第三のコミュニケーション革命の特徴が見受けられます（井川 2022）。

ソーシャルメディアは、このような第三のコミュニケーション革命の一部に位置付けられます。コンピュータやインターネットという技術に支えられ構築されるソーシャルメディアのプラットフォーム上で、私たちのコミュニケーションは加速化し、その情報量は増加の一途を辿っています。なぜ、対面や手紙を通じたコミュニケーションと比べ、インターネットの普及によってもたらされるコミュニケーションは流れが加速化し、その量が増大化するのでしょうか。それは、インターネットを介したコミュニケーション、すなわち**デジタルメディアを通じたコミュニケーションは、情報伝達を高速化、同期化、大量化、複数化するという特徴を持つ**からです（石田 2016）。高速に、同時に大量に同じ情報を伝達することが可能、それがデジタルメディアを通じたコミュニケーションの特徴です。そのような特徴は、コミュニケーションにかかるコストを限りなく削減します。私たちが多くの人にいっぺんに同じ情報を届けるために、１軒１軒家を訪問したり、大量の手紙を書いたり、何時間も電話に費やす必要はなくなりました。

さらに、ソーシャルメディアのプラットフォーム上では、誰もが誰もに対してコミュニケーションが可能です。**第三のコミュニケーション革命以降、私たちは、世界中の人々へ一瞬にして同一の情報を伝達することが可能になりました。**このようなコミュニケーションの変革は、2000年代半ばのWeb2.0の思想の下でより一層具現化します。インターネットを通じたコミュニケーションへの技術的参入障壁が下がり、世界中の誰とでもつながり合えるグローバル・ヴィレッジ化が進みました。

次節では、さまざまなコミュニケーションの形態を整理し、ソーシャルメディアを通じたコミュニケーションの特徴を考えましょう。

6-2節　デジタルメディアを通じたコミュニケーションの形態

第三のコミュニケーション革命以降、私たちは、世界中の人々へ一瞬にして同一の情報を伝達することが可能になりました。なぜなら、デジタルメディアを通じたコミュニケーションは、情報伝達を高速化、同期化、大量化、複数化するという特徴を持つからです。

本節では、木村（2012）によるコミュニケーション形態の整理を参照し（表9）、他のコミュニケーションの形態と比較しながらソーシャルメディアを通じたコミュニケーションの特徴を検討します。

表９の分類のうち、ソーシャルメディアはデジタルメディアを介した**n対n**のコミュニケーションメディアに位置付けられるでしょう。ただし、後述するようにデジタルメディアは非常に多様な形態を可能とするため、１対１や１対ｎに分類されるメディアもｎ対ｎのコミュニケーションを可能とします。そのため、**１対n**に分類されるメディ

表９　木村によるコミュニケーション形態の整理（木村 2012）

	対面型コミュニケーション	アナログメディアを介したコミュニケーション	デジタルメディアを介したコミュニケーション
1対1	対話	手紙、電話、ファックス	メール、チャット、メッセージングサービス
n対n	井戸端会議、会議、パーティ	（災害用）伝言ダイヤル	SNS、電子掲示板、メーリングリスト
1対n	講演、講義	新聞、雑誌、書籍、ラジオなどのマスメディア	ブログ、メールマガジン、動画共有サービス

アの多くはソーシャルメディアと言って差し支えないでしょう。一方で、1対1のメディアについては、コミュニケーションの露出と覗きが不可能な設計のものが多く、ソーシャルメディアと言うより、パーソナルなコミュニケーションメディアと捉えた方がしっくりきそうです。このような整理を前提として、デジタルメディアを介したコミュニケーションについて、詳しく見ていきましょう。

まず、デジタルメディアを介したコミュニケーションの大きな特徴に、**多様な形態が可能**であるという点が挙げられます。表９では代表的なコミュニケーション形態に分類をしていますが、例えばメールは1対1だけではなくn対n、1対nも可能なメディアです。メールだけでなく、デジタルメディアを介したコミュニケーションの大半は、1対1でも、n対nでも、1対nでも使うことができるでしょう。どのように使うかがユーザに委ねられており、その幅が広いのが特徴です。

ソーシャルメディアは**多対多のコミュニケーションができる場**とい

う特徴を持ちますが、1対1や1対多といったコミュニケーションも可能です。例えば、Instagramでトレーニングの記録をして閲覧権限をトレーナー1人に限定することや、X/Twitterでコミュニケーションの双方向性を制限してマスメディアのように一方的に情報発信することも可能です。デジタルメディアを介したコミュニケーションは多様な形態に対応できるため、多対多のコミュニケーションを行わないことも可能という柔軟性があります。

また、デジタルメディアを介したコミュニケーションの特徴として、木村は、コミュニケーションの**タイミングの柔軟さ**、コミュニケーションにおける**物理的存在の分離**を挙げています（木村 2012）。**タイミングの柔軟さ**とは、リアルタイムに反応することも、1週間おいて反応することも許容する仕組みが実現されていることです。Facebookで友人の投稿を目にした時、その瞬間にコメントをするのも、1週間後にコメントをするのも自由です。もちろん、実際のコミュニケーションの際にはあまり長い時間返信をしないことはないかもしれませんが、仕組み上は可能であるという点が重要です。例えば手紙ではリアルタイムな反応は難しいですね。対して電話は、1週間後の返答を許容するメディアではありません。リアルタイムの応答（**同期的コミュニケーション**）と、間を空けた応答（**非同期的コミュニケーション**）のどちらも成立するのが、デジタルメディアを介したコミュニケーションの特徴です。

物理的存在の分離とは、オンラインペルソナを作ることや匿名として振る舞うことも可能という特徴です。第3章で見てきたように、周縁的アイデンティティを持つ人々のオンラインコミュニティ参加においては、匿名性が安心感を担保するという事例もありました。

物理的存在を分離したコミュニケーションは、相手の立場、表情、装いといった**社会的手がかりが欠如**するという特徴もあります。対面でのコミュニケーションの際に手がかりとしていたさまざまな情報が、デジタルメディアを介したコミュニケーションからはこぼれ落ちるためです。社会的手がかりの欠如についての議論はコンピュータが一般化するにつれ広まりを見せましたが、一方でデジタルメディアを介したコミュニケーション特有の手がかりもあるでしょう。フォロワー数が多いと有名人だと捉えがち、メッセージに絵文字をつけることで楽しそうな雰囲気を演出するなど、個々人にとってさまざまな手がかりがありそうです。

さて、デジタルメディアを介したコミュニケーションのうち、主としてソーシャルメディアと捉えられる、n対nないしは1対nのコミュニケーションメディアに注目してみましょう。n対nのメディアには、SNS、電子掲示板、メーリングリストなどが分類されます。1対nには、ブログ、メールマガジン、動画共有サービスなどが分類されます。元々人間には、情報の選択的接触という傾向があることを第1章で説明をしましたが、ソーシャルメディアは、それをさらに促進する場であると言えそうです。なぜなら、地域や学校のようなコミュニティより**価値観の合う人だけと関係を結びやすい**ためです（パリサー 2012）。

みなさんの中には、ソーシャルメディアで趣味アカウントを持っている方が少なくないのではないでしょうか。趣味アカウントはまさに、合理的に自らの接触する情報を選択していますね。趣味アカウントでなくとも、ソーシャルメディアでは遠く離れた、あるいは社会的地位が異なる人のこともフォローすることができるため、自分の価値観と合う人ばかりでフィードを満たすことが可能になります。さらに、ソーシャルメディアの特徴であるデジタルの足跡に基づいて情報推薦がなされます。どのような人をフォローしているか、どのようなコンテンツにリアクションや閲覧をしているかといった行動に基づき、おすすめのコンテンツが無限に流れてくることは、みなさんにとって当たり前の状況ではないでしょうか。このように価値観や思想が似たもの同士でつながり合った場で何かを発信すれば、当然、肯定的な反響を得られ、自らの考えや価値観が増幅してしまう。このような現象を**エコーチェンバー現象**と言います。

Cinelli らはプラットフォームやトピックの比較を通じてエコーチェンバー現象のダイナミズムを研究しました（Cinelli et al. 2021）。Facebook や X/Twitter などのプラットフォームで、銃規制や予防接種などのトピックに関する比較分析を行ったところ、**価値観などが似通った集団（クラスター）に属するユーザの集合がオンライン上の相互作用を支配**しており、さらに、Facebook でより高い棲み分けが見られたとのことです。私たちが常に何かしらのエコーチェンバーに囚われていることは疑いようがありませんが、議論の分かれるようなトピックに関してその傾向は顕著であり、エコーチェンバーの外に出ることが極めて難しいことが研究から示されています。

6-3 節　パーソナルメディアの発展

前節ではデジタルを介したコミュニケーションの特徴を見てきましたが、本節では**機器（デバイス）**の観点からコミュニケーションを見ていきましょう。日本では、モバイル機器が独自発展を遂げたこともあり、機器という観点でコミュニケーションを捉えることは欠かせません。

今日の私たちにとって、最も身近なモバイル機器がスマートフォン（smartphone）であることは疑いようがありません。phone という名の通り、電話から発展した機器です。まずは、電話の発展を見ていきたいと思います。

電話に関わる人物で最も有名なのは、アメリカで電話機を発明し、1876 年にアメリカで特許を出願したグラハム・ベルです。ベルは実用的な電話機を開発し世の中に広めた存在です。ただし、それより前の 1854 年にメウッチが、1869 年にライスが試作品を作り、1871 年にメウッチが仮の特許を申請していることから、電話の発明者はメウッチであると言われています（住田 2021）。

パーソナルメディアとしての電話がコミュニケーションをどのように変容させたか、それは、**リアルタイムに空間を克服**した点にあります。空間を超えて遠隔地とつながり合うことができるようになったことで、物理的には離れていても心理的には近いという**心理的近隣**を生み出しました（Aronson 1971）。

日本社会における電話の位置付けを考える上で興味深いのは、電話機の設置場所です。「となりのトトロ」で、サツキが近隣の大きな家に電話を借りに行ったシーンを覚えているでしょうか。かつて日本では、電話機は１家に１台あるものではありませんでした。その後、家庭への普及が進むと、「サザエさん」で描かれるように、電話機は玄関先に設置されることが多かったと言われています。それは、電話が外界と家の中をつなぐ、声だけの訪問客を迎える玄関として捉えられていたからだと考えられます（吉見，若林，and 水越 1992）。さらに 1980 年代前後から電話の子機を個室に持ち込んだり、コードレス機が普及したりと、電話はより私的なおしゃべりに使用されるようになっていきます。

通話というコミュニケーションメディアとして電話の発展がある一方、日本では、ごく短いテキストによるコミュニケーション形態も生まれ、広がりを見せました。1986 年に NTT によって開始された伝言ダイヤルは、元々は知り合い同士が用件を伝え合う留守番電話サービスのような存在でしたが、徐々に若者が知らない者同士でメッセージを吹き込んで遊ぶといった利用法が広まったと言われています。コミュニケーションそれ自体を目的として楽しむ、**自己充足的なコミュニケーション**です（辻大介 2008）。このような文化は、1990 年代以降ポケベル文化に受け継がれていきました。ポケベルは、元々は社外にいるビジネスマンに向けた連絡手段として登場しましたが、ごく短いメッセージを送りあえる若者のパーソナルメディアとして新たな役割を担っていったのです。

ポケベルが短文コミュニケーションを可能としたことで、日本におけるモバイル機器、すなわち携帯電話も必然的にそのような要請を受ける存在となりました。その結果、日本独自の進化を遂げた多機能な携帯電話が誕生します。のちにその進化を振り返り、ガラパゴスケータイ（ガラケー）と呼ばれる存在です。

ここまで見てきたように、最も身近なモバイル機器であった携帯電話は、文字通り電話として、そしてテキストメッセージングの手段と

寄り道：ガラケーを見てみよう

現在主流のモバイル機器であるスマートフォンは大きなタッチスクリーンタイプが主流で、それほど大きなデザインの差はありません。しかし、日本のガラケーはサイズや形、色など非常にポップな多様性の方向へ進化し、世界的にも特殊な状況にありました。1990 年代、日本の若者のモバイル機器利用は研究トピックとしても世界的に注目を集める存在でした。

▼ KDDI トビラ：おもいでタイムライン au ケータイ図鑑

して、2つの機能を主軸に発展してきました。その後、iPhoneの登場などにより、日本でも急激にスマートフォンが普及していきましたが、**スマートフォンはコンピュータのモバイル化**という方向性が強かったことから、同じような「-phone」という名前でありつつ、その内実は異なるものでした。

スマートフォンの登場によってソーシャルメディアはより身近に、現在性を帯びた存在となります。写真、動画、位置情報など、**いつでもどこでもあらゆるものを共有し、常時オンラインに接続するという情報行動が一般化**していったのです。X/Twitterが爆発的な人気を博したのは、ちょうどスマートフォンから「今何してる？」をカジュアルに投稿しやすかったからであり、Facebookが場所へのチェックイン機能を実装したのはモバイルからのチェックインがコミュニケーションの1種になり得たからであり、ソーシャルメディアはより即時的な、そして自己充足的なコミュニケーションを満たす存在としても発展を遂げていきます。

もちろん、電話が登場しても手紙がなくならなかったように、そしてSNSが流行してもブログがなくならないように、メディア利用は常に重層的に存在しています。重要なのは、**新しいメディアやメディア利用が登場することで、それまでのメディアのあり方や意味が変容し得る**という点です。PCでのメールは、かつては私的なやり取りに用いられていましたが、携帯メールが登場することで、私的なやり取りは携帯メールが主流となりました。次いでLINEが登場し、さらに今では、LINEでのメッセージングは畏まってると感じる若者たちがInstagramやTikTokをメッセージングに使用しています。今後も新たなメディアが登場することで、それまでのメディアの意味や価値は変容していくことでしょう。

6-4節　露出と覗きによるリスク

最後に、ソーシャルメディアを通じたコミュニケーションのリスクについて考えていきます。ソーシャルメディアは私たちに発信手段を与え、遠く離れた人ともコミュニケーションを可能としましたが、**多対多のコミュニケーションができる場において露出と覗きが可能**であるという特徴を逆手に取ったメディア利用も見受けられます。

プラットフォームが当初の想定以外の使われ方をすること自体はありふれていますが、それを通じた被害については理解が必要です。本節では、パパ活・ママ活に起因する社会問題を事例に取り上げ、露出と覗きによるリスクを考えていきましょう。

パパ活・ママ活とは、主に若者が金銭的援助を目的として年上の男性・女性と食事などを共にする行為を指します。一般に、若年女性と年上の男性との交際をパパ活、若年男性と年上の女性との交際をママ活と呼びます。互いに未婚の成人同士であれば交際それ自体に違法性のない場合が大半ですが、未成年や既婚者である場合や、あるいは意図せぬ性的関係の強要など、トラブルのリスクは低くありません。

6-3節で紹介した伝言ダイヤルも援助交際のためのツールとして利用されていた時期がありました。では、伝言ダイヤルとソーシャルメディアはどのように異なるのでしょうか。

まずは、若年層側の視点で考えていきましょう。伝言ダイヤルが援助交際に利用されていた頃、実際に試すには大きなハードルがありました。それは、どのようにすればいいかの知識が、一般に流通していないからです。既に援助交際を行っている友人から教えてもらったり、あるいはマスメディアによる報道も多少はあったことでしょう。しかし、その詳細を知ることは決して簡単ではありませんでした。援助交際を行っている友人とて、誰かに話すことは大きなリスクとなるからです。しかし、ソーシャルメディアは**露出と覗きが前提の場**であることから、これまで誰かが援助交際について投稿した内容に容易くアクセスすることができます。検索を重ねれば、すぐに関連する隠語を見つけることができるでしょう。さらに、過去に援助交際に使われた投稿をこっそり眺めてやり方を学ぶことも可能でしょう。

続いて、金銭的援助側の視点で考えてみましょう。金銭的援助側にとってソーシャルメディアが強力な武器となる理由もまさに、**露出と覗きが可能な多対多のコミュニケーションの場**です。隠語のキーワード検索だけでなく、精神的に不安定な様子の若年層を探し、チャイルドグルーミングをして親密になってから関係を強要したりします。そのような対象を探すには、**自分以外の人とのコミュニケーションを自由に覗く**ことができるソーシャルメディアが非常に便利です。なぜなら、プラットフォーム上に蓄積されるコミュニケーションの記録、すなわち**デジタルの足跡**は、対象を探し吟味する上で非常に有益な情報を提供するからです。

さらに、両者の視点で考えると、若年層側と金銭的援助側にとってソーシャルメディアの解釈はそれぞれ異なります。ソーシャルメディアは、ユーザによってプラットフォームの役割や位置付けが異なる、**個別最適に基づく経験や解釈**の多様性という特徴があります。例えば、若年層側は日常の些細な不安や心理を吐露できる逃げ場として捉えているかもしれませんが、金銭的援助側にとってはターゲットを選ぶための場所かもしれません。もちろん双方は入れ替わる可能性もあり、一概に若年層側だけが被害を被るというものではありません。いずれにしても、獲物を狙う場としてプラットフォームを活用する人にとって、多対多のコミュニケーションが覗ける場であるソーシャルメディアは情報に溢れた便利な狩場なのです。

このように、パパ活・ママ活といった問題から考えると、ソーシャルメディアにおけるリスクは以下のように整理されます。まず、多対多のコミュニケーションができる場では、自分以外の人とのコミュニケーションの様子も覗くことができることから、**覗きを通じてパパ活・ママ活の方法の習得やターゲット選定が容易く**なります。続いて、プラットフォームにおける経験や解釈は多様であることから、プラットフォームをごく親しい友人との付き合い中心に使っている**警戒心が低くコミュニケーションを取りやすい相手をターゲット**にすることも可能です。さらに、蓄積したコミュニケーションの記録を遡ってターゲットの分析さえできてしまいます。

- 多対多のコミュニケーションができる場
  - ▷ コミュニケーションは露出と覗きが前提
  - ▷ 覗きを通じてパパ活・ママ活の方法の習得、ターゲット選定が容易い
- 個別最適に基づく経験や解釈の多様性
  - ▷ ターゲットはソーシャルメディアを恐ろしい場だと考えていない（＝警戒心が低くコミュニケーションを取りやすい）
- 行動がデジタルの足跡として蓄積
  - ▷ 蓄積したコミュニケーションの記録を遡ってターゲットの分析が可能

このように、ソーシャルメディアの特徴を逆手に取ったコミュニケーションも存在しており、それは時に社会問題にも発展することがあります。パパ活・ママ活のような問題については、蓄積したコミュニケーションの記録を対象にしたサイバーパトロールなどの対策が講じられています（池辺 , 川合 , and 櫻井 2021）。

演習

演習 6-1

デジタルメディアを介したコミュニケーションの際に手がかりにしている振る舞いを教えてください。

演習 6-2

極端なエコーチェンバー現象が見られると感じた身近な事例を、プラットフォーム（X/Twitter、Facebook など）とトピックという観点から説明してください。

第7章

ソーシャルメディアと社会構造

第7章では、ソーシャルメディアと社会構造について、特にネットワーク科学の観点から学んでいきます。社会科学分野においては、古くから「人と人とはどのようにつながり合っているのか？」という問いが存在していました。このような問いへのアプローチを可能としたのは、ソーシャルメディアにおけるコミュニケーションや**デジタルの足跡**の蓄積です。

本章では、まずネットワーク科学の観点からソーシャルメディアを捉えることで**多対多のコミュニケーションができる場の構造**の理解につながることを整理し、次にネットワーク科学の基本的な考え方について学びます。さらに、研究事例を通じてソーシャルメディアに見る社会構造を概観します。

寄り道：ネットワーク科学へのワクワク

21世紀に入ろうというまさにその時、ネットワーク科学は勢いよく発展を遂げました。本章に好奇心を掻き立てられた方はぜひ、アルバート＝ラズロ・バラバシ『新ネットワーク思考─世界のしくみを読み解く』や増田直紀・今野紀雄『「複雑ネットワーク」とは何か─複雑な関係を読み解く新しいアプローチ』を手に取ってみてください。

7-1節　ソーシャルメディアとネットワーク科学

六次の隔たりという言葉を聞いたことはあるでしょうか。1967年、米国心理学者のスタンレー・ミルグラムが行った実験に起因する言葉です。ミルグラムは、「**世界中の人間から任意の2人を取り出したとき、何人の知人を媒介すれば2人はつながることができるか？**」という問いを立て、実際に米国内で手紙を用いた実験をしました（ミルグラム 2006）。この実験は「小さな世界問題」と呼ばれています。無作為抽出されたカンザス州、ネブラスカ州の住人からスタートし、ボストンとケンブリッジのゴールに向けて手紙を回してもらう実験です。実験前にミルグラムがとある知識人に仲介者数の予想を尋ねたところ、100人かもっと多くの仲介者が必要なのではないかという答えがあったそうです。ところが実際に実験をしてみると、仲介者数の分布は2から10名、その中央値は5から6名程度でした。つまり、予想よりも遥かに少ない仲介者数によって、手紙がゴールまで届けられたのです。6人程度を仲介すれば米国中の誰にでも手紙が届きうる、この実験から、世界は意外と狭いことを示す**スモールワールド現象**、そして**六次の隔たり**という言葉が生まれました。

世界は意外と狭いという考えは、研究や社会一般で広く受け入れられていきました。一方で、実際に人々がどのようにつながり合っているか、それはミルグラムの実験以降も明らかになっていませんでした。この謎を明らかにしたのが、20世紀末に誕生した**ネットワーク科学**という学問分野です。デジタルメディアの普及によって膨大なデータの記録が、コンピュータの発展によって計算や分析が可能となったことが、その背景にあります。

では、ネットワーク科学の道具を使うことで、ソーシャルメディア上の社会構造をどのように把握することができるでしょうか。いくつかの例を見てみましょう。

ミルグラムによって、世界は概ね六次を介せばつながり合うことができると推測されました。Facebook 上の友人関係データに基づき分析すると、図 17 の通り Facebook というプラットフォーム上に限って言えば、わずか 3.5 次の隔たりで誰にでもつながり合うことができることが明らかになっています（Edunov et al. 2016）。Facebook 上での友人関係は “Add Friend” ボタンのワンクリックという極めて低いコストで実現可能なため、地域や学校のような対面で維持されるコミュニティに比べ平均経路長は小さくなる、すなわち世界は狭くなる傾向にある点に留意が必要です。その上で、プラットフォーム上のユーザ間がどのようにつながり合っているかを捉えることは、友人関係がどのよう

寄り道：服従の心理

ユダヤ人を両親に持つミルグラムは、ホロコーストが起こったメカニズムを解明すべく、擬似電気ショックによる実験に取り組んでいます。ナチスドイツのアイヒマンが虐殺の責任を問われた際、命令に従っただけであると主張したことがきっかけの１つです。擬似電気ショック実験は、教師役と生徒役に分かれ、生徒役の回答がまちがった際に強い電気ショックを与えることを要求するという内容です。実際には電気は流れておらず、生徒役は電気ショックを与えられ苦しむふりをしているだけですが、実験参加者の過半数が、指示を受ければ命の危険があるレベルの電気ショックを与えるという結果になったと言われています。権威や役割期待による命令が、個人を従属させかねないことを示唆する重要な問題提起となりました（サトウ 2004）（ミルグラム 2008）。

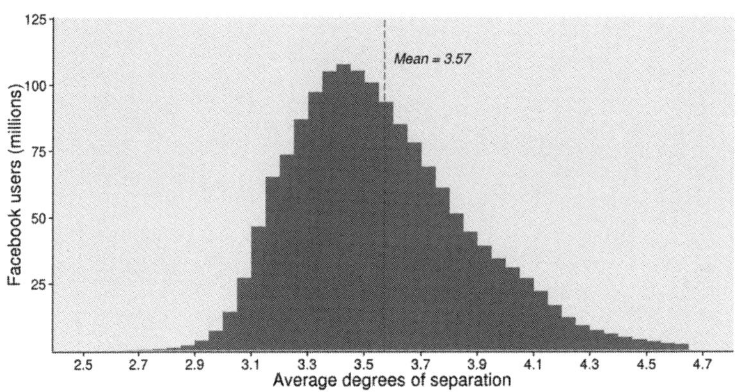

図 17　Facebook 上の全ユーザ間の平均経路長の推定値

(Edunov et al. 2016) より引用

に構築され成長していくか、情報がどのように流れ得るかといった理解を手助けする重要な知見をもたらします。

もうひとつ、ネットワーク科学の道具を使った事例を見てみましょう。図 18 は、米国の政治的トピックに関する X/Twitter 上のリポスト／リツイートネットワーク構造です（Brady et al. 2017)。銃規制、同性婚、気候変動といった米国における主要な政治的トピックを対象に、ノードをユーザ、リンク（線）をリポスト／リツイートとして可視化すると、2 つの大きなコミュニティが抽出されることがわかります。米国の一般的なイデオロギーに基づき、左をリベラル、右を保守として示しています。この図からは、X/Twitter というプラットフォーム上において、政治的トピックの投稿は政治的イデオロギーによって分極化していることがわかります。リベラル側の政治的イデオロギーを支持する人たちは、同じリベラル側の投稿ばかりを目にし、保守的な意見を目にしにくいという構造です。ソーシャルメディア上でこのような分極化が起こっていることを理解するために、ネットワーク科

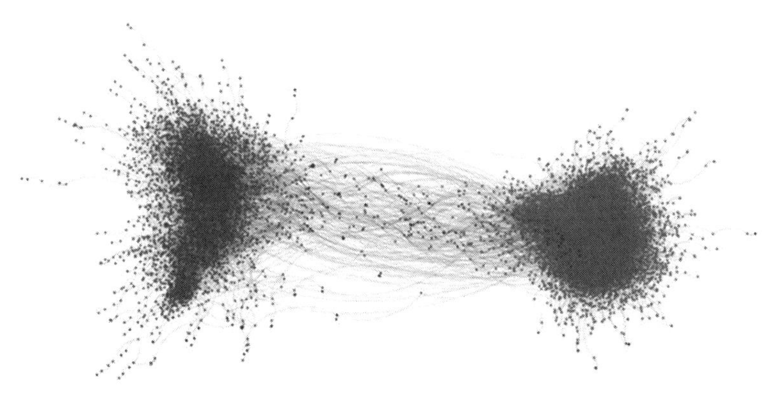

図 18　政治的トピックのリポスト / リツイートネットワーク構造
（Brady et al. 2017）より引用

学は非常に有効です。

次節から、ネットワーク科学の考え方や道具について順を追って学んでいきましょう。

7-2 節　グラフ理論の誕生

ネットワーク科学は、グラフ理論を数学的土台としています。18世紀、スイスの大数学者レオンハルト・オイラーがグラフ理論の始祖と呼ばれています。オイラーは数学者、天文学者として非常に有名ですが、運河や橋の建設、カレンダー販売の合理化などにも携わったと言われています。スイス･フランの紙幣に肖像を見ることができます。

グラフ理論の誕生は、オイラーによる**ケーニヒスベルクの橋**問題に遡ります。1736 年、オイラーは、川の街ケーニヒスベルクにて、同じ橋を2 回渡ることなくすべての橋を渡ることはできるか？　という問いを考えていました。この問題は、陸地を頂点、橋を辺とするグラフとして、一筆

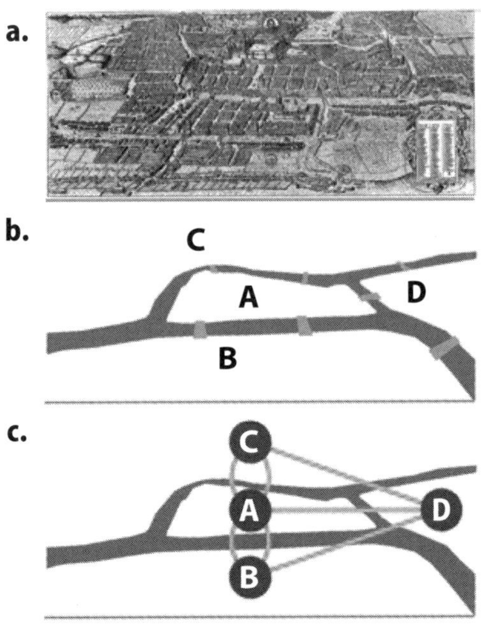

図 19　ケーニヒスベルクの橋問題　(Barabási 2015) より引用

書きができるかどうかという問いに置き換えることができます。ここから、オイラーの一筆書きの定理が生まれました（図 19）(Barabási 2015)。

オイラーの一筆書きの定理は、数学的な問題をグラフで解決した初めての出来事と言われています。グラフで表現することにより、問題が単純化され、扱いやすくなります。ソーシャルメディアを通じた社会構造の理解も、このようなグラフ化の思想に根ざしています。

7-3 節　ネットワーク科学の基本的な用語

続いて、ネットワーク科学における基本的な用語を理解していきましょう。

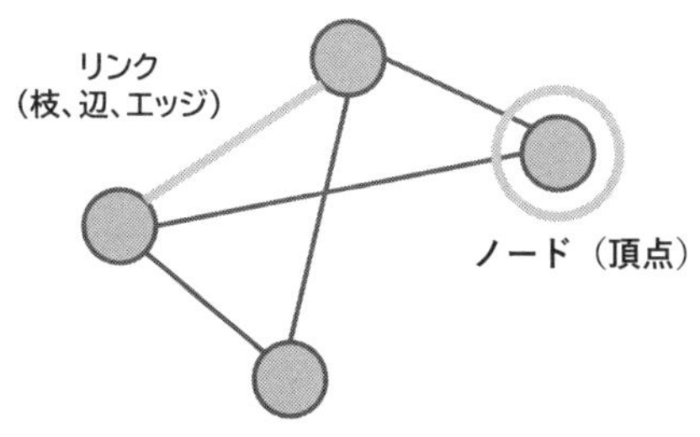

図20　ノードとリンク

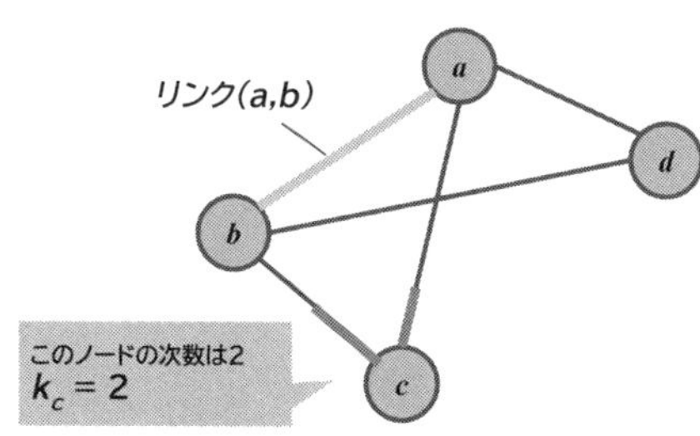

図21　次数、ノード数とリンク数

ネットワーク科学では、対象をノードとリンクとして捉えます（図20）。**ノード**は場所や人、もの、言葉など、**リンク**はノードとノードの関係を示します。Facebook における人的ネットワークを例にすると、ノードは各ユーザ、リンクはフレンド関係として捉えられます。

各ノードから出ているリンクの数を**次数**と呼びます。例えば、図21 において、ノード c の次数は 2 です。Facebook における人的ネットワークを例に考えると、各ユーザのフレンド数にあたります。さらにネットワーク全体に視点を移すと、対象全体における総ノード数はネットワークの大きさを、総リンク数はノード間の相互作用の総数を示します。

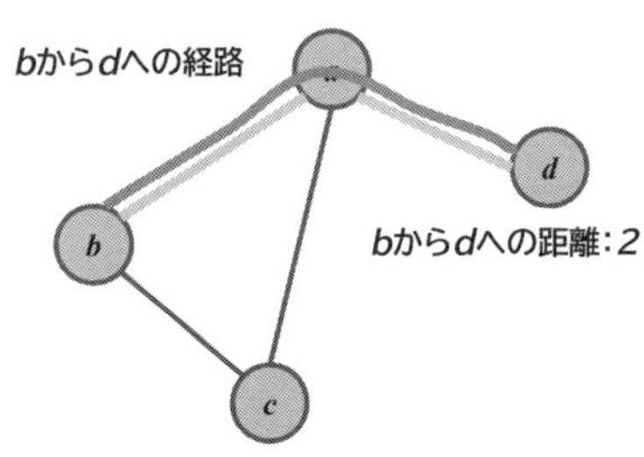

図22　距離と経路

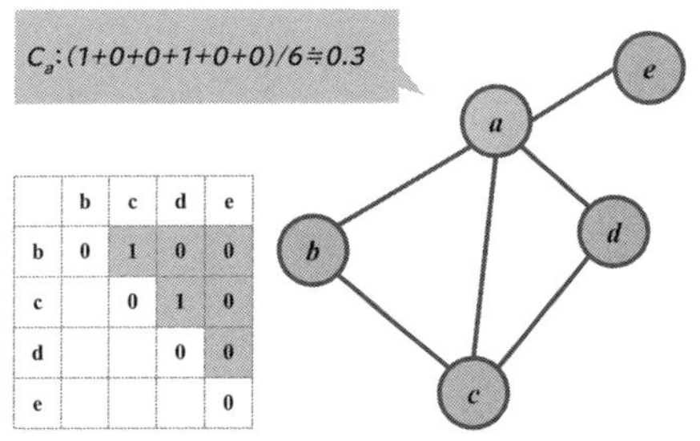

	b	c	d	e
b	0	1	0	0
c		0	1	0
d			0	0
e				0

図23　クラスター係数

ノード間のリンクに沿って辿る道筋を経路と呼びます。最短経路に含まれるリンク数を**距離**または経路長、あらゆる組み合わせのノード間の距離の平均値を**平均経路長**と言います(図22)。対象のネットワークにおいて、平均何ステップで任意のノードに届くかという指標です。Facebookにおける人的ネットワークを例にすると、平均何人を媒介すれば任意のユーザに辿り着くか、言い換えると何次の隔たりでサービス内の世界が構築されているかを示します。

ネットワークには向きという考え方があります。向きを考慮しない無向グラフと、向きを考慮する有向グラフの2種類があり、例えばFacebookのフレンド関係は向きのない無向グラフですが、X/Twitterのフォロー関係は一方からのフォローが可能なため有向グラフと捉えられます。向きのあるなしで距離の考え方も変わります。

最後に、**クラスター係数**について説明します。クラスター係数には局所クラスター係数と平均クラスター係数の2種類があります。局所クラスター係数とは、特定のノードのクラスター係数で、隣接するノードが互いにリンクしている度合い、すなわち2つの隣接ノードが互いにリンクする確率を示します。局所クラスター係数は隣接ノード間のリンク数を隣接ノード対の数で割ることで算出されます（図23）。平均クラスター係数は、局所クラスター係数の平均によって算出され、ネットワーク全体のクラスター係数を示します。一般にクラスター係数と言う場合、後者の平均クラスター係数を指すことが多いでしょう。

7-4節　スモールワールド・ネットワーク

ソーシャルメディア上、あるいはそれに限らず人的ネットワークなどのさまざまなネットワークは、**平均経路長が小さく**、なおかつ**豊富な迂回路（複数の経路）**を持つという特徴があります。では、このようなネットワークはどのような形をしているのでしょうか。人的ネットワークの形を考える起点として、**ランダム・グラフ**があります（図24）。1959年にポール・エルデシュとアルフレッド・レニィーによって発表されました。N個のノードを用意し、ランダム（各2点間について0から1の間で乱数を作り、乱数がp未満であればリンクで結び、p以上であれば結ばない）にリンクで結んでいくネットワークです。ランダム・グラフは、現実のネットワークについての研究が進められるより前は、現実ネットワークの代替としてよく用いられていました（増田 and 今野 2006）。

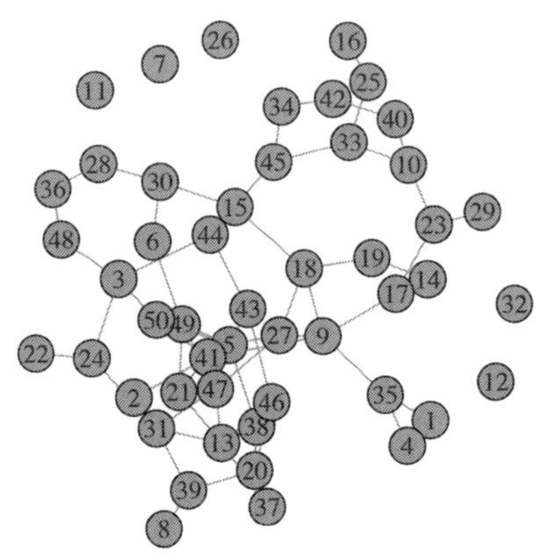

図 24　ランダム・グラフ

ランダム・グラフ以外にも代表的なネットワークの形を見てみましょう。図 25 に示すのは木グラフと呼ばれるネットワークで、1850 年にイギリスの数学者アーサー・ケーリーによって考案されました。名前にちなみケーリー・ツリーとも呼ばれています。ただ、木グラフは迂回路が極端に少なく、人的ネットワークなどにあてはめることはできませんでした。

そのほか、正方格子グラフもあります（図 26）。結晶の性質を知るため、グラフの理論的研究が必要となり誕生したと言われています。正方格子グラフは距離が短くならず、「世界は意外と狭い」が実現されません。

いくつか有名なネットワークの形を参照してきましたが、ランダム・グラフ、木グラフ、正方格子グラフとどれも現実のネットワークと似ている部分もありつつ、その特徴である小さな平均経路長と豊富な迂回路のどちらも満たすネットワークはありませんでした。

さて、ここでもう1度ミルグラムの小さな世界問題に戻りましょう。ミルグラムの実験では、予想よりも遥かに少ない仲介者数によって、手紙がゴールまで届けられ、**六次の隔たり**という言葉が生まれました。ネットワーク科学の用語で捉え直すと、現実の人的ネットワークはわずか六次という小さな平均経路長で構成されているということです。

そして、六次という小さな経路長を支える1つに**豊富な迂回路（複数の経路）**があります。

寄り道：エルデシュ数

ランダム・グラフを発表したポール・エルデシュは、20世紀で最も論文を多く書いた数学者として知られています。数百人の研究者と共著で論文を執筆したと言われており、そこから**エルデシュ数**が生まれたと言われています。エルデシュ数とは、研究者をノード、共著関係をリンクとした論文共著ネットワークで、数学界においてはエルデシュ数が小さいほど（エルデシュと関係が近しいほど）名誉なことであるという逸話もあります。

アメリカ数学会のウェブページには、エルデシュ数を算出する機能があります。任意の研究者の名前を入力してエルデシュ数を確認してみましょう。

▼ American Mathematical Society：Erdös Number

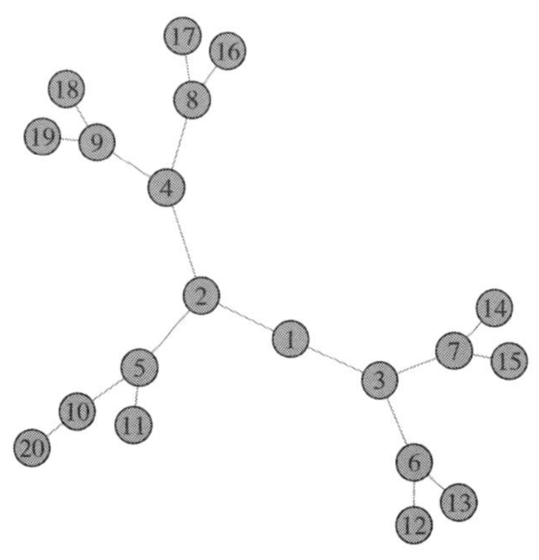

図 25　木グラフ

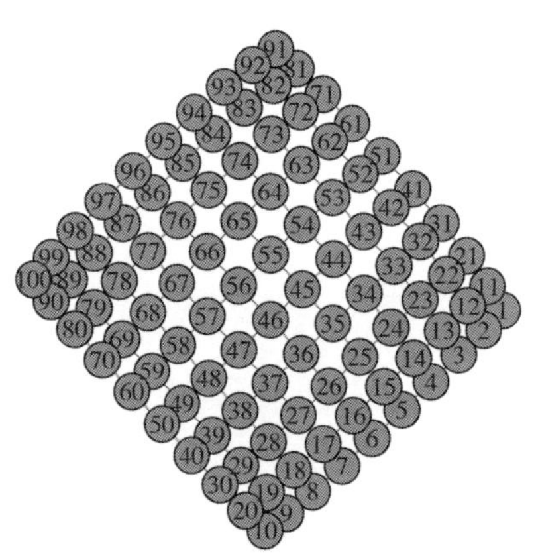

図 26　正方格子グラフ

ミルグラムの実験を発展させ、どのように世界が狭いのかを明らかにしたのが米国の研究者である**ダンカン・ワッツ**と**スティーブン・ストロガッツ**でした。まさに、技術の発展によってデジタルの足跡を残せるようになったことが研究の後押しをした事例といえます。

1998年、ワッツらはミルグラムの行った手紙の実験の現代版として、電子メールでゴールに向けてリレーを行った研究から**スモールワールド・ネットワーク**を発表しました（Watts and Strogatz 1998）。平均経路長は、途中で捨てられてしまったメールを考慮しても、スタートとゴールが同じ国の場合は5、異国の場合は7という結果となりました。これは、ミルグラムの実験とも極めて近い、そして私たちの実感とも合う結果です。

では、メールはどのようにリレーされたのでしょう。人の振る舞いで重要な2つの傾向が影響していると言われています（増田 and 今野 2006）。1つ目は、メールは同性や同僚に多く渡される傾向があったという点です。これは、性質の近いもの同士がくっつく内輪付き合いの原理である**ホモフィリー**が影響していると言われています（McPherson, Smith-Lovin, and Cook 2001）。みなさんも、メールを転送しやすい人を想像してみると、ホモフィリーの傾向があるのではないでしょうか。2つ目は、1つ目のような傾向がある一方で、仲間内から飛び出るメールがあるという点です。このように、**近くない関係の人ともある程度やりとりが行われたからこそ、メールはゴールまでたどり着きました。**このような存在のことを**弱い紐帯**と言います。

弱い紐帯という考え方は、実は、ワッツらの研究以前にすでにあったものでした。社会学者のマーク・グラノヴェッターは、1973年に、有益な情報は仲間内ではなく、環境の異なる人との弱いつながりを通じて入ってくると指摘しています（Granovetter 1973）。グラノヴェッターは、この研究で、就職活動がうまくいくのは弱い紐帯をうまく活用できている人だ、ということを明らかにしました。

では、スモールワールド・ネットワークについて詳しく見ていきましょう。まず、内輪付き合いの原理であるホモフィリーについて、学校での人間関係を例に考えてみましょう。２年生に進学したての４月、ある教室内で任意の２名を抽出した際、その２名の間に**共通の友人**がいる確率はどれくらいでしょうか。同じ学科に所属しているとすれば、サークルや授業などで共通の友人がいる確率が高いと推測されます。このように、任意の２名と共通の友人１名が友人関係（リンク）で結ばれた３角形のことを**クラスター**と呼びます。

現実ネットワークには、クラスターがたくさんあります。そのことを、**クラスター性が大きい**、と表現します。ネットワーク全体の指標であるクラスター性は平均クラスター係数 <C> を指標とします。クラスター性が大きいのは、実世界のネットワークに普遍的な性質です。人間関係だけでなく、インターネットや道路のネットワークなど、さまざまなネットワークに現れます。

ワッツらは、クラスターがどのように生成されるかも電子メールの調査から分析し、新しいリンクは類似した人の間や距離が近い人との間にできやすいということが明らかになりました。クラスター（３角形）の完成が起こる可能性は、**既存の２本のリンクが強い関係であるほど高い**ということがわかりました（増田 and 今野 2006）。

クラスター性が高いネットワークは、**頑健性**が高まります。誰かが抜けてしまっても別のルートがあるため、ネットワーク全体は壊れないという構造になるからです。このように、**現実ネットワークには豊富な迂回路がもたらされている**のです。

以上のことから、現実のネットワークの特徴を整理しましょう。本節の冒頭で、ソーシャルメディア上、あるいはそれに限らず人的ネットワークなどのさまざまなネットワークは、**平均経路長が小さく、なおかつ豊富な迂回路（複数の経路）を持つ**という特徴があると説明をしました。それに加えて、現実のネットワークは、**大きい平均クラス**

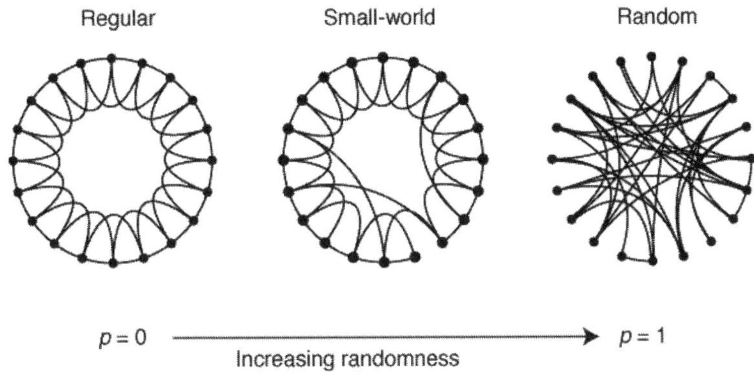

図 27　スモールワールド・ネットワークのモデル
(Watts and Strogatz 1998) より引用

ター係数を持つこともわかりました。同質性の高いもの同士でつながり合うホモフィリーという傾向によって、クラスターがいくつもネットワークの中に存在しているからです。この特徴は、**初対面の人との間にも、共通の知り合いが 1 人くらいはいる**、という傾向として現れます。

さらに、現実のネットワークは、**大きすぎない平均次数**という特徴を持っています。通常、ネットワークの全ノード数よりも平均次数はかなり小さくなります。それは、世界は全部つながり合ってはいないということを意味します。つながり合うには相応のコストがかかるからです。

このようなスモールワールド・ネットワークについて、ワッツらは、1 次元格子のネットワークから**平均クラスター係数があまり小さくなりすぎない程度にリンクをランダムにつなぎ変えてショートカットを作る**、というモデルを考えました。ちょうど、図 27 の真ん中の部分にあたります（Watts and Strogatz 1998）。

ソーシャルメディア上、あるいはそれに限らず、人的ネットワークなどのさまざまな現実ネットワークに見られるスモールワールド性は、以上のような特徴と仕組みによって作られることがわかります。

7-5節　スケールフリー・ネットワーク

現実ネットワークの乱雑さ（ランダム性）に着目したのが**アルバート・ラズロ・バラバシ**と**レカ・アルバート**でした。ネットワーク全体の平均次数は大きすぎない一方で、それぞれのノードの次数はさまざまで、リンクの張られ方は極めて乱雑であるという現実ネットワークの特徴に焦点をあてて研究をはじめました。

バラバシらは、World Wide Web、ウェブのネットワーク分析からはじめました。ノードはHTMLなどの文書、リンクは文書に張られたURLです。ウェブには現在、推定１兆以上の文書があると言われており、人類が構築した最大のネットワークです。

寄り道：ウェブのネットワークの可視化

バラバシらによるスケールフリー性の発見につながった、World Wide Webのネットワークの可視化を見てみましょう。

▼ Network Science：Zooming into the World Wide Web

このように、各ノードの次数にばらつきがある点に着目したのがバラバシらでした。バラバシらが現実ネットワークの乱雑さに着目して研究を進めていく中で、**次数の分布**を作成したことは偶然ともいえる出来事でした。ウェブに続き、インターネットや電力網など、多くの現実ネットワークの次数分布を作成していきました。そして、次数がkのノードが、ネットワーク全体の中で占める割合の表を作成していきました。例えば、知人がk人の人は全体の中でどれくらいの割合を占めるか、という内容のものです。

次数分布を作成してみると、次数はノードごとにかなりばらついており、なおかつ、**べき則**に従っていることがわかりました。これが、スケールフリー・ネットワークの特徴です。次数のべき則とは、多くのノードは次数が小さい、すなわちわずかなリンクしか持たない一方で、わずかなノードは極めて大きい次数を持つ、すなわち多くのリンクを持つという傾向です（図28）（Barabási 2015）。そして、その次数の大きいノードのことを**ハブ**と言います。ハブ空港という単語がありますが、あれも同じ意味で、特にたくさんの空港からの入出港がある空港を指します。

次数のべき則は、横軸を次数k、縦軸に次数kを持つノードの比率p（k）とした際、$p(k) \propto 1/k^{\gamma}$ のように表される分布のことを言います。γはべき指数といい、ネットワークの種類によって異なる定数です。

べき則は、極めて次数の大きいごく少数のノードと、次数の小さい多数のノードで構成されており、線形目盛では、その特徴やハブの存在をうまく把握することができません。そこで一般的に、次数の分布を見る際、グラフの目盛とビン幅に**対数**を使用します。

先ほどの式について、両辺に対数をとるとγがグラフの傾きを示すことがわかります（$\ln p(k) \propto -\gamma \ln k$）。次数分布の両対数グラフの傾きが**べき指数**です。

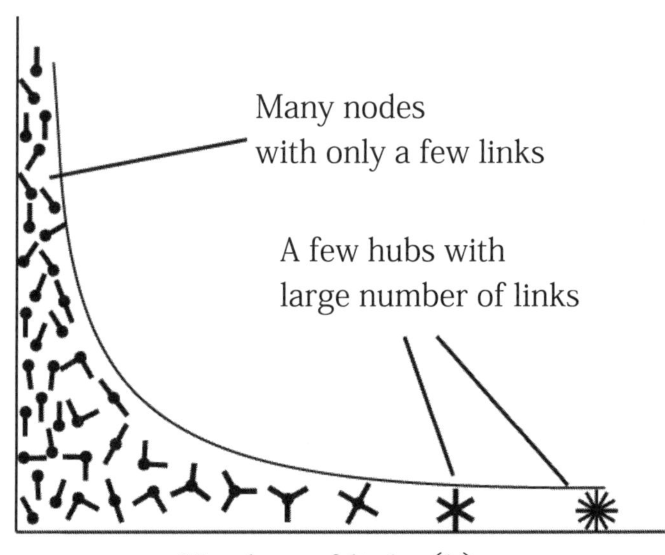

図28　次数のべき則（Barabási 2015）より引用

寄り道：さまざまな分野に現れるべき則

ネットワークという観点に限らなければ、べき則はさまざまな分野に現れることが既にわかっていました。べき則に従うさまざまな分布を見てみましょう。経済学者パレートは、富の分布を通じて、80%の富が20%の人々によって握られているというパレートの法則を見出しました。自然言語について、アメリカの言語学者であるジョージ・キングズリー・ジップは、文章内の単語の出現頻度をプロットし、べき則が現れることを示しました。頻度がN番目の単語は、頻度が1番目の単語の1/Nの確率で現れるというジップの法則として有名です。そのほか、地震にもべき則が現れることがわかっています。このことをグーテンベルク・リヒター則といいます。

スケールフリー・ネットワークとは、次数分布がべき則で近似できるネットワークのことです。スケールフリーとは、スケールがフリーである、すなわち特徴的なスケールがないという意味です。1つのネットワークの中に、まったく異なる次数のノードが混在していることから、「これがこのネットワークの平均的な値である」ということが言えません。それを由来にした名前です。

現実の多くのネットワークがスケールフリー性を持つと言われています。一方で、現実のネットワークのすべてがスケールフリー性を持つというわけではありません。例えば、送電線でつながれた発電所や変電所のネットワークである電力網などは、スケールフリー性を持っていません。スケールフリー性が現れるためには、ノードは任意のリンクにつながることができる能力が必要だと言われています。言い換えると、ノードが持ちうるリンクの数が制限される場合はスケールフリーにはなりません。

バラバシとレカ・アルバートは、現実ネットワークのスケールフリー性を発見した後、そのモデル化に取り組みました。2人のイニシャルを用いて**BA モデル**と呼びます。これが、スケールフリー・ネットワークを生み出す最小のモデルです。バラバシらが斬新だったのは、**成長と優先的選択**という発想でモデル生成した点にあります。それまでのグラフ理論やスモールワールド・ネットワークは静的モデルなので、成長という発想は革新的でした。成長とは、現実のネットワークはノードを連続的に増やす成長プロセスによってもたらされるという考え方です。優先的選択とは、現実のネットワークでは、新しいノードはより多くのリンクを持つノードにつながろうとする傾向があるという性質のことです（バラバシ 2019）。BA モデルは、この2つの特徴を組み込んだモデルです。

スケールフリー性同様、すべてのネットワークが成長するというわけではありません。ウェブや人間関係などは成長するネットワークと捉えることができます。一方、ケーニヒスベルクの橋は成長しないネットワークです。

BA モデルは、ノードが新たに加わる（成長する）際、リンクを多く持つノードが優先的に選択されていくというモデルです。この優先的選択によってハブが生まれます。

ハブという考え方は、感染症伝播の理解にも有効です。米国の HIV 流行の起源として、最初の患者「ペイシェント・ゼロ」であると糾弾されたガエタン・デュガは、性感染症ネットワークにおけるハブであり、ハブが広範囲に移動したことで感染が蔓延したと言われていました。しかし、後の研究でデュガはペイシェント・ゼロではなかったこと、ハブのように多数と性的関係を持っていた人が数多く存在していたことが明らかになりました（Worobey et al. 2016）。キャントリル「火星人襲来」と同様に、後世に研究が否定された例としても興味深い事例です。

7-6 節　ソーシャルメディア上のネットワーク構造

前節までに、ウェブや人間関係、ソーシャルメディアなどさまざまなネットワークに共通で見出される特徴である**スモールワールド性**、**スケールフリー性**について理解してきました。本節では、ソーシャルメディアのさまざまなネットワーク構造の事例を見ていきましょう。

SNS の登場に伴い、人と人とがどのようにつながっているのかについての研究が盛んに行われるようになりました。SNS を人的ネットワークの写像として捉え、分析できるようになったためです。このような研究アプローチ以前には、人と人とのつながりをどのように定義すべきかという社会学的課題が立ち塞がっていましたが、SNS ではフレンド関係が明示されることから、フレンド関係にある状態をつながりとして定義しやすかったということも研究の促進につながりました。もちろん、SNSにおけるフレンド関係が地縁コミュニティのそれと同等ではないという留保つきではありますが、データが扱えるようになったことで新たな研究分野が押し広げられていきました。

ソーシャルメディアにおける人的ネットワークについては、2006年に湯田らがmixiを対象に人的ネットワークの構造を分析しています。2005年時点のデータを対象に、ユーザをノード、ユーザ間のフレンド関係をリンクとして分析すると、平均次数は10.4と大きくないものの、次数の最大値は1,301であり、次数分布からは高次数領域にスケールフリー性が確認されています。クラスター係数に目を向けると、局所クラスター係数Ciは次数が100近くになっても0.2近いノードが存在し、平均クラスター係数は0.328と高い凝縮性が見受けられました（湯田, 小野, and 藤原 2006）。

2007年には、同じくmixiを対象として、松尾らがSNSにおけるユーザやコミュニティの関係形成を研究しています。ユーザ数の増加と平均クラスター係数<C>、平均経路長Lに着目すると、ユーザ数が増えてもどちらも大幅な変化はなく、ユーザ数が増大しても局所的凝縮性を保ちつつ、短い平均経路長が保たれていることがわかります（松尾 and 安田 2007）。言い換えると、ユーザ数が増え続けても人的ネットワークの構造は一定に保たれているのです（表10）。

また、松尾らは、SNS上のネットワークは友人関係形成や関係維持の負荷が小さい点、経済合理性の影響をほとんど受けない点にも言及しています。他のネットワークと比較する際の重要なポイントです。加えて、ユーザが自由に参加できる**コミュニティ**には、対面の人間関係を支える結合性の高いものから、趣味縁的な結合性の低いものまで、幅広く存在することも指摘しています（松尾 and 安田 2007）。

mixiのユーザは日本国内在住を主としていましたが、世界各国にユーザを抱えるFacebookでも人的ネットワークの分析が行われてい

表10　松尾らによるmixiにおける人的ネットワークの指標変化（松尾 and 安田　2007）より引用

人数	C	L	最大コンポーネント
2,500	0.394	3.951	2,466人
5,000	0.382	4.082	4,933人
10,000	0.378	4.279	9,895人
20,000	0.372	4.454	19,798人
30,000	0.366	4.524	29,694人
50,000	0.353	4.634	49,491人
70,000	0.349	4.729	69,319人
100,000	0.344	4.847	99,050人
150,000	0.337	4.998	148,694人
200,000	0.334	5.124	198,269人
300,000	0.333	5.335	297,528人
363,819	0.328	5.528	360,801人

ます。2012年の研究では、7億2100万人のユーザーをノード、フレンド関係をリンクとした分析から、平均経路長は4.74と六次の隔たりよりも小さいことが報告されました（Boldi and Vigna 2012）。2016年にFacebookで15.9億人を対象に再度分析したところ、本章冒頭で紹介した通り平均経路長は3.57とさらに小さくなったと言われています（Edunov et al. 2016）。ネットワークの成長によって関係がより密になり、世界が狭くなっていく様が見て取れます。

また、ネットワーク科学の道具を用いることで、人的ネットワークだけでなく、情報拡散のあり方についても洞察を得ることができます。Pierriらは、X/Twitter上において、信頼できる情報源に基づくニュースと、信頼できない（フェイクニュースや確証のない噂など）情報源に基づくニュースが、どのように拡散するかをネットワーク科学のいくつかの指標で考察しています（Pierri, Piccardi, and Ceri 2020)。Pierri ら（2020）によると、信頼できない情報源に基づくニュースは、一般的なニュースよりもオーディエンスは少ない。しかし、そのようなニュースを共有するコミュニティはよりつながりやすく、クラスター化していると言われています。

このように、ネットワーク科学の道具を用いることで、さまざまな観点から多対多のコミュニケーションができる場の構造の理解に迫ることができるのです。

演習

演習 7-1

任意のソーシャルメディアプラットフォーム上でハブとなる存在の例を挙げ、その人がいなくなると人間関係がどのように変化するか、推測して記述してください（例：LINE 上でフレンド数の多い友人がハブとしての存在であり、その友人がいなくなるとイベントの際に LINE グループを作ってくれる人がいなくなるかもしれない、など）。

演習 7-2

ネットワークの距離で遊ぶゲームの中で最も有名なのはケヴィン・ベーコン・ゲームです。1994 年にアメリカの大学生3人組が作ったゲームで、さまざまな映画俳優を、共演関係のリンクでケヴィン・ベーコンと結びつけるという内容です。そして、辿り着くまでの距離（俳優数）のことをベーコン数と言います。ケヴィン・ベーコンは名脇役と呼ばれる俳優のため、実に数多くの作品に出演しています。そのため、どんな俳優でも思いの外すぐに彼にたどり着いてしまう、というおもしろさがあります。実際にケヴィン・ベーコン・ゲームで遊んでみましょう。このサイト、現在は Wikipedia のデータを利用して共演関係を構築しているため、Wikipedia に登録されており、何らかの映画に出演したことのある人であれば日本人でも構いません。任意の俳優名で調べ、距離がどれくらいだったかと意外な共演関係について述べてください。

■ 調べた俳優名

■ ケヴィン・ベーコンまでの距離

■ 意外な共演関係

▼ The Oracle of Bacon

第8章

ソーシャルメディアと文化

第８章では、ソーシャルメディアと**文化**について学びます。文化と聞いてどのようなイメージをするでしょうか。英国の批評家レイモンド・ウィリアムズは、文化とは、知的・芸術的な高尚な様式、いわゆるハイカルチャーだけに適用されるものではなく、大衆的な娯楽や日常生活の営みをも含むと考えました（ウィリアムズ 2002）。ありふれた毎日によって積み重ねられる実践、そこから生まれる生活様式は文化そのものなのです。

同時に、デジタルメディアの一般化によって、文化作品が**コンテンツ**と一括りに呼ばれるようになりつつあります。音楽や映画、写真、文章とあらゆる文化作品にスマートフォンのような１つの機器から触れることが可能な今日、文化作品はコンテンツとして並列に並べられ、個人的な快不快が選別の大きな基準となります（南田 2017）。そして、快不快を表現するいいねや閲覧時間といった**デジタルの足跡**は、個々人に向けたコンテンツの情報推薦を加速させます。

ソーシャルメディアと文化の関係に目を向けると、ソーシャルメディアは私たちの新たな行動指針となり、さらに多対多の文化共創の場とも捉えられます。同時に、デジタルの足跡として蓄積されたコミュニケーションを通じて文化の有り様を理解する取り組みも進められてきました。本章で、詳しく見ていきましょう。

寄り道：文化に見るメディア

歌詞に描かれるメディアを手がかりに、その時代のメディア状況を想像することができます。ダイヤル回して、枕元のPHS、着信の音で飛び起きた、いつ空いてるのってLINE、なかなか既読にならない。タイトルが思い浮かびましたか？　不在の相手を思う恋愛の歌には、その時代にメディアが２人をどうつなぐかが象徴されます。

8-1節　行動指針としてのメディア

みなさんは、何かの行動をする時にソーシャルメディアを参考にすることがあるでしょうか。新しい化粧品の購入を検討する時にクチコミを見てみたり、あるいはいつも参考にしているYouTuberがおすすめしている化粧品を購入することもあるかもしれません。タイムラインで話題になっているゲームを試してみることもあるでしょう。このように、私たちは日々の生活において、ソーシャルメディアを指針に行動することが当たり前になっている部分があります。

メディアが行動指針になるということについて、米国の社会状況の推移と共に説明したのは**デイヴィッド・リースマン**でした。リースマンが世に送り出した『孤独な群衆』は、米国社会学者による著作のランキングで１位に輝き、実に100万部以上の売り上げを誇っています(佐藤 2020)。

『孤独な群衆』の原著初版は、1950年、第二次世界大戦後の米国にて出版されました。さて、ここで当時の米国におけるテレビの世帯普及率を思い出してみましょう。1950年の米国におけるテレビ世帯普及率はわずか9.0%程度でした。しかし、わずか5年後には60%を超え、10年後には90%に迫る凄まじい勢いでテレビの普及は進みました。その意味で、リースマンが著作を世に送り出した1950年は、まさにテレビ時代の夜明けであり、テレビに代表されるマスメディアは無視できないほどに大きな存在でした。当時、米国の都市部では既に豊かな消費社会が到来しており、そのような都市部におけるメディアと消費の様子を通じて米国社会を分析したのがリースマンだったと言えるでしょう。

リースマンは、同じ地域や国家、あるいは世代といった同一の集団に共有される特性を社会的性格と呼びました。共有される経験や共通の生活様式によって生み出される特性です。例えば、今日の若者世代に特有の傾向であったり、あるいは特定の音楽ジャンルを好む集団の特徴などがあてはまります。

リースマンは、社会的特性を社会構造の変容と共に詳細に記述し、社会が成員を同調させていく同調性の様式が社会によって異なることを示しました。農業を中心とした伝統社会においては脈々と受け継がれてきた慣習などの伝統的な行動様式を行動の指針にする**伝統指向型**、産業革命以降の工業化社会においては両親等に植え付けられた規範や良心を行動の指針にする**内部指向型**、さらに消費社会においては周囲の他人やマスメディアを行動の指針にする**他人指向型**と、社会の変容に応じて典型的な社会的性格も推移したと説明されます（リースマン 1964）。

1950年にリースマンが指摘したのは、消費社会における行動指針としてマスメディアが存在していること、言い換えるとライフスタイルの指針にメディアが影響を及ぼしているということでした。では、今日の私たちはいかがでしょうか。マスメディアを行動指針にすることはもちろんありますが、それ以上に**ソーシャルメディアを行動指針**にする場面が少なくないのではないでしょうか。今日の私たちが共有する社会的性格は他人指向型で形作られることに変わりなさそうですが、指針とするメディアは変容し、その結果ライフスタイルのあり方も変化してきたと言えそうです。リースマンは、他人指向型の人間は一貫して１つの顔を貫き通すのをやめ、いろいろな顔を使い分けるようになったと指摘しました（リースマン 1964）。いくつものソーシャルメディアプラットフォームを使い分ける私たちは、マスメディアが主たる行動指針だった時代よりも多くの顔、**多元的自己**を使い分けていることでしょう（浅野 2014）。

さて、このように発信手段を得て、無数のローカル・ヴィレッジを行動指針にする社会的性格は、**おしゃべりなロングテール**とも呼ばれています。おしゃべりなロングテールは、メディアへの露出（おしゃべり）とそれに基づく多様性（ロングテール）を前提としています（熊坂 and 山崎 2011）。

おしゃべりなロングテールは、**サイレント・マジョリティ**との対比としての表現です。1969 年、当時の米大統領リチャード・ニクソンは、テレビ演説の中で**サイレント・マジョリティ**という表現を用いました。それは、当時のベトナム戦争への反対デモや、公に言論活動をする声の大きい人々の影に隠れた**物言わぬ大衆**に向けた演説でした。

しかし、物言わぬ大衆と呼ばれたふつうの人々は、インターネットの登場、そしてソーシャルメディアの発展によって、発信の手段を手に入れました。おしゃべりなロングテールは、無数のローカル・ヴィレッジに表出する文化の多様性を生み出す存在です。

ソーシャルメディアを行動指針とする場合、マスメディアの時代とはどのような違いがあるでしょうか。このテキストで示すソーシャルメディアの３つの特徴は、以下の通りでした。

- 多対多のコミュニケーションができる場
- 個別最適に基づく経験や解釈の多様性
- 行動がデジタルの足跡として蓄積

この3つの特徴のうち、**個別最適に基づく経験や解釈の多様性**はマスメディアと大きな違いをもたらします。例えば同じInstagramというサービスを起動しても、フォロー内容に応じてフィードに流れてくる内容はみな異なりますね。それだけでなく、**行動がデジタルの足跡として蓄積**されることで情報推薦アルゴリズムは強化されます。結果として、情報の選択的接触はより一層強化され、私たちは自らが好ましいと思う情報ばかりに囲まれて生きることになります。

その結果、価値観の合うもの同士でエコーチェンバーが形成されます。かつて、マクルーハンは電気メディアの発展の先に**グローバル・ヴィレッジ化**があると述べましたが（マクルーハン 1986)、このようなエコーチェンバーは、グローバル・ヴィレッジ化とは対極の**ローカル・ヴィレッジ化**と捉えることができます。今や、世界中の出来事は一斉に世界中を駆け巡り、そしてその内容は画像や動画など文字以外のメディアも駆使して人々に届けられ、その様子はマクルーハンの指摘する通りグローバル・ヴィレッジそのものです。一方で、私たちは普段、私たちだけに向けてカスタマイズされた情報に囲まれ、価値観の合うもの同士で構成される「世間」を行動指針にしています。このような世間としての無数のローカル・ヴィレッジがグローバル・ヴィレッジと併存しているのが、今日の社会です。

無数のローカル・ヴィレッジが存在する今日の社会を理解するためには、それぞれのローカル・ヴィレッジ一つひとつを精査していく必要があります。なぜなら、リースマンによる他人指向型という指向性は、マスメディアとマスレジャーという多くの人が同時代に同じものを享受するというライフスタイルとして説明されましたが、今日、無数のローカル・ヴィレッジはそれぞれがまったく異なる文化やライフスタイルをもっているからです。このようなローカル・ヴィレッジに表出する多様なライフスタイルの理解を積み重ねることで初めて、今日の社会を文化的側面から理解することが可能になります。

8-2 節　文化共創の場としてのソーシャルメディア

ソーシャルメディア、すなわち多対多でコミュニケーションのできる場の大きな貢献の１つに、**コンヴァージェンス・カルチャー（参加型文化）**を推し進めたという点が挙げられます。米国のメディア研究者ヘンリー・ジェンキンズは、コンヴァージェンス・カルチャーについて、メディアの制作者とメディアの消費者の持つ力が前もって予見できない形で影響し合う場と説明しています（ジェンキンズ 2021）。従来のマスメディアとの関わり方とは異なり、メディアの消費者も能動的な文化の担い手になり得る存在です。もちろん、ソーシャルメディアの普及以前にもコンヴァージェンス・カルチャーは存在しましたが、それをインターネットが可視化し、更にソーシャルメディアが一般化させたのです。みなさんは、映画作品について、その感想を呟いたり、あるいはソーシャルメディア上で検索するといった経験はあるでしょうか。映画を楽しんだことを周りの人に共有し、そしてどのような感想があるかを調べ共感するといった行為も含めて、その全体が映画作品を取り巻く文化と捉えられます。

ソーシャルメディアを通じて、コンテンツに対するささやかな批評や二次創作など、消費者が能動的に文化の担い手になることは、私たちにとってはもはや当たり前の状況と言っていいかもしれません。日本におけるこのような状況を形作った出来事の１つに初音ミク現象があります。2007 年に登場したボーカロイドの初音ミクは、非営利であればキャラクターを用いた創作活動が自由に認められたことから、ニコニコ動画上で多重に引用され続け、**N 次創作**まで行われるほどに盛り上がりを見せました（濱野 2015）。初音ミクというコンテンツの魅力が、このような N 次創作によって生み出された 10 万件を超える作品までも含むことは疑いようがありません。それは、初音ミクを楽しむ一般の人々が、消費のみならず能動的な文化の担い手になり、初音ミクという文化を形成している証左でもあります。

文化共創のあり方について、高馬（2021）はハイファッションのデジタルパブリッシャー ELLE の Instagram 上のアカウント、仏「ELLE France」と日「ELLE JAPON」を比較、考察しています。ELLE France における雑誌表紙の投稿には、画像加工による修正への批判コメントなどが散見されました。批判的コメントは、雑誌が示す規範的美に対して、スチュワート・ホールが論じた批判的デコーディングが行われたと捉えることができます。一方 ELLE JAPON では表紙に掲載される著名人への親密さを表現するコメントで占められており、同じ Instagram 上における同一のデジタルパブリッシャーに対しても、社会的背景によって、そこに生じる文化共創は方向性が異なることがわかります。ELLE France の事例から、Instagram が価値規範の交渉、共創の場になっていく可能性が示唆されています（水越康介 et al. 2012）。

文化共創に関しては、現実空間とソーシャルメディアの双方が相互に溶け込み合い、新たな場所が生まれているという議論もあります。位置情報をはじめとする現実空間の要素が次々とソーシャルメディアに持ち込まれ、反対にソーシャルメディアへの投稿によって現実空間の意味も変わっていく。ソーシャルメディアへの投稿によって現実空間の意味も変容する例として、Instagram 上で風景写真が話題を呼んだ茨城県の国営ひたち海浜公園が指摘されています（菊地 2021）。

参加型文化はマーケティングにも影響を及ぼしています。X/Twitter や Instagram 上でしばしば目にする、ハッシュタグをつけた投稿によるキャンペーンもその一例です。さらに、このようなキャンペーンは、ソーシャルメディア・マーケティングにおける**価値共創**とも捉えられます。ソーシャルメディアには、従来型のブランドコミュニティとは異なる、新たなブランドコミュニティとしての可能性がある一方、消費者側の視点では、従来型に比べブランドロイヤルティの低下も指摘されています。それは、ソーシャルメディア上における友人関係がワンクリックで気軽であることと同様に、ブランドコミュニティへの関与もコストが低いためです。

ソーシャルメディア上では、しばしば #OOTD（Outfit Of The Day）というハッシュタグを目にすることがあります。これは、日々のファッションを投稿する際の有名なハッシュタグの1つであり、インフルエンサーが商品の広告を行う際にもしばしば付与されます。それに呼応するかのようにインフルエンサーを模倣した一般ユーザも同じハッシュタグをつけて投稿を行い、知らず知らずのうちに広告コンテンツが大量に生まれ続けているという状況があります。一般ユーザは、意図せずこのような **Visibility labour（可視化労働）** に従事させられているという指摘もあり（Abidin 2016）、価値共創の経済的側面にも学術的関心が寄せられています。

8-3節　ソーシャルメディアに表出する文化

ソーシャルメディアでは、常に誰もが**自己呈示**をし続けています。ソーシャルメディアでは、生活のすべてを曝け出すこともできるし、写真映えのする一部だけを切り取ることもできるし、匿名でいることも可能です（Marwick and Boyd 2011）。ベイル（2022）は、このような状況において問うべきは、人はなぜ、自己の「その一面」を呈示しているかだ、と述べています。

自己呈示やコミュニケーションの蓄積には文化が写像されます。それは、社会のすべてを立体的に映し出すものではなく、人々の断片的な自己呈示の寄せ集めです。社会をまるごと映し出しているわけではないことに留意は必要ですが、それでもなお、無数のソーシャルメディアプラットフォーム上にローカル・ヴィレッジとして表出する多様な文化の有り様に、**デジタルの足跡**の分析を通じてアプローチが可能になったことは大きな前進です。

デジタルの足跡には、ユーザのアクセスできるデータとアクセスできないデータの２種類があると整理しました。ソーシャルメディアへの投稿やプロフィール、リアクションなどはユーザがアクセスできる場合が多く、一方、プラットフォーム側で蓄積するユーザの行動履歴などにはユーザはアクセスできません。本節では、ユーザがアクセスできるデータ、できないデータ、それぞれの事例を通じてソーシャルメディアに表出する文化を理解し、さらに、このような取り組みの展望を検討します。

かつて日本で大きな盛り上がりを見せたmixiには、日記やアクセス履歴を確認できる足あと機能がありましたが、それ以外に、同じ趣味の人同士で集うことのできるコミュニティという機能もありました。コミュニティは、同じ趣味を持つ人同士で会話が行われたり、あるいはサークル活動のような小さなグループとしても使われていました。興味深いのは、コミュニティで活発に活動をしなくても参加だけしておく、という行為が一般的に行われていたことです。例えば「宮藤官九郎」「ヤン・シュヴァンクマイエル」など、自身の趣味や価値観を表すコミュニティに参加することで、**mixi上で自分がどのような人間かを表現**することができ、それはさながらソーシャルメディア上で見せる趣味のクローゼットのような存在でした。mixiにおけるコミュニティ参加は、友人にどう見られたいかを考慮した自己呈示の手段の１つでした。

このようなmixiのコミュニティ参加のデータは、ユーザがアクセスできるデジタルの足跡です。あるコミュニティに参加しているユーザらが、他にどのようなコミュニティに参加しているかを分析することで、そのコミュニティを起点とした文化を分析することができます。このようなデータを活用した事例として、地方出身の上京者らがオンライン上に表出されるライフスタイルの分析があります（山崎 and

熊坂 2011）。リースマンの言葉を借りると、ソーシャルメディアの参加コミュニティに見る社会的性格と説明できます。

X/Twitter の投稿やプロフィール、フォロー関係のデータも同様に、ユーザがアクセスできるデジタルの足跡です。X/Twitter はかつて、研究者向けに API を通じたデータ提供を行っていたこともあり、X/Twitter のデータを用いた研究が多く蓄積されました。例えば、2022 年末に世界中で話題を呼んだ生成系 AI「ChatGPT」が東アジア諸国でどのように関心を持たれたかに関する研究では、X/Twitter 上で「ChatGPT」を含む投稿を複数言語で数ヶ月間分取得し、比較分析をすることで、各国語それぞれの社会的関心を明らかにしています（華 and 白土 2023）。

Instagram の投稿も、投稿やプロフィールはユーザがアクセスできるデジタルの足跡です。2014 年に公開された論文では、Instagram 上の投稿を 8 類型化し、投稿内容は友人との撮影やセルフィー、何かしらの活動の報告といった投稿が多いことが示されています（Hu, Manikonda, and Kambhampati 2014）。Instagram というスマートフォン専用の写真ソーシャルメディアにはどのような文化が投影されているか、その全体像がわかります。同じく Instagram を対象として、現代における写真論・デジタルメディア論を論じたレフ・マノヴィッチ（マノヴィッチ 2018）は、Instagram という画像メディアをどのように分析すべきか、その方法論（Manovich 2020）においても先駆的存在です。

これまで、概ねユーザがアクセスできるさまざまなデジタルの足跡を活用し、文化の視点から行われた研究を見てきました。ユーザがアクセスできないデータ、いわゆるシャドウテキストについては、文化を明らかにするようなアプローチの研究はあまり見られません。そのようなデータを用いた例として、情報推薦アルゴリズムの研究や、モバイル端末の通話記録に基づく階層や格差の研究などが挙げられます

(Blumenstock, Cadamuro, and On 2015)。

ソーシャルメディアに蓄積されるデジタルの足跡を使った研究は、今や工学、社会心理学、社会学、マーケティングなど非常に幅広くありますが、特にマーケティングなどの分野を中心として、デジタルの足跡に記録される人々の行動や発言などを活用することを**ソーシャルリスニング**と呼びます。ソーシャルリスニングでは、自然に発生した人々の会話や行動などを分析対象とするため、人々の生活に基づいた意見を読み取ることができます（ラパポート 2012)。また、時に調査者が想像し得ないこともデータとなることから、調査者の想像の圏外へのアプローチにも可能性があります。加えて、繰り返し調査を行い探索的な分析もでき、柔軟な軌道修正が分析プロセスに組み込めます。

デジタルの足跡を対象とした研究は、従来型の社会調査などと相補的に連携することでより有効性が発揮できると考えられます。従来型の社会調査の蓄積を猛追するように、デジタル社会調査も実践や方法の研究が重ねられています（サルガニック 2019)。その中で、データの活用に関する倫理的な配慮、例えば個人情報への配慮などは、今後より一層の検討が求められると言われています。今後、倫理的な配慮を前提に、さらにデータの利活用を進めるための取り組みが始められています（日本学術会議社会学委員会 Web 調査の課題に関する検討分科会 2023)。

寄り道：映画『search ／サーチ』

デジタルの足跡を頼りに多元的自己を辿る作品に、アニーシュ・チャガンティ監督による映画『search ／サーチ』があります。

▼映画『search ／サーチ』予告

演習

演習 8-1

あなたが普段、行動やライフスタイルの指針としているメディアやサービス名を、なぜそれを指針としているかの理由とあわせて教えてください。

演習 8-2

デジタルの足跡を活用して分析してみたい文化事象について、関心のある理由と具体的なデータ例を交えて説明してください。

第9章

ソーシャルメディアと政治

第9章は、ソーシャルメディアと政治について考えていきます。ソーシャルメディアによってエンパワーされる社会運動からはじまり、実際に行われた実験の事例を示しながらソーシャルメディアの影響について理解します。さらに、選挙とマイクロターゲティングについて、米国の事例を参照しながらその特徴を整理します。

ソーシャルメディアと政治について考える時、今日共有される大きな関心の1つは社会の分極化です。私たちはみなエコーチェンバーに囚われていますが、だからといって安易にそれを壊せばいいわけではありません。では、どうすればいいか。これまでに積み重ねられている議論を学んでいきましょう。

9-1 節　ソーシャルメディアと社会運動

かつてサイレント・マジョリティと呼ばれたふつうの人々は、おしゃべりなロングテールなる存在としてソーシャルメディアを通じた発信ができるようになりました。**多対多のコミュニケーションができる場**は、イデオロギーを共有する人々をつなぎ、活動をエンパワーします。

ソーシャルメディア上で人々がコミュニケーションし、声を上げる社会運動の中で、特に注目を浴びた存在の 1 つに**ハッシュタグ・アクティヴィズム**があります。X/Twitter のようなハッシュタグ機能のあるソーシャルメディアを通じて、政治や社会問題などに関する意見の主張や議論を行うという取り組みです。米国では、2020 年 5 月に白人警官が黒人青年を不適切な拘束方法によって殺害した事件について、一般人が撮影した映像が #BlackLivesMatter というハッシュタグを通じて世界中に拡散され、人種差別撤廃を訴える全米的なデモへと発展しました。同年、日本でも検察庁法改正案に対する反対運動が # 検察庁法改正案に抗議します というハッシュタグのもとに展開され、世論の影響も受け、通常国会での成立が見送られました。

寄り道：アラブの春

2010 年 12 月のチュニジアで発生した反政府デモであるジャスミン革命をきっかけに、中東・北アフリカ諸国で起こった大規模な反政府運動と政治変動をアラブの春と呼びます。反政府運動への参加には X/Twitter や Facebook などが活用されたと言われており、ソーシャルメディアが社会運動のツールとして世界的に注目された出来事になりました。

ハッシュタグ・アクティヴィズムは、参加障壁が低く、またプラットフォームを通じて多くの人の目に留まりやすいという利点があります。一方で、ただ1つのタグのもとに十把一絡げに意見が集約され個人の見解が軽視されがちな点、プラットフォーム上でのいいねやリポスト/リツイートのように相互受動的なコミュニケーションに止まってしまう点があるという指摘もあります（清水 2021）。また、従来型の社会運動と比較すると設営コストや時間がかからず迅速な活動が可能なゆえに「速すぎる」点に課題があるという指摘もあります（富永 2021）。

ハッシュタグ・アクティヴィズムに限らず、ソーシャルメディアはマスメディアでは沈黙、周縁化されてきた人々にとって**対抗的公共圏**を形成できる場としても機能します（李 2023）。対抗的公共圏とは、米政治学者ナンシー・フレイザーの指摘するマジョリティの利害関係に支配された公共圏に対抗できる社会的空間であり、周縁化された人々にとっての苦痛を汲み上げ、可視化し、社会問題として世に問う可能性を秘めると論じられています（フレイザー 1999）。

また、ファンダムと呼ばれる熱心なファン集団がソーシャルメディアを通じて政治的拡散を行う事例もあります。2015 年、英労働党の政治家エド・ミリバンドが突如として 10 代の少女たちのファンダムの対象となりました。当初はソーシャルメディア上にミリバンドの画像コラージュがあふれ、戯れと冗談のような状況であったものの、のちに政治的関心をも併せ持つ存在へと変容する興味深い出来事でした。ミリバンドのファンダムはミリファンダムと呼ばれ、ファン文化の戯れに満ちた投稿が政治的かつ情動的な拡散力を持つ興味深い事例と捉えられています（ウォール＝ヨルゲンセン 2020）。

ミリファンダムのような事例は、文化と政治が分断されないソーシャルメディアというプラットフォームだからこそ達成されたとも考えられます。日本では 2006 年、政治家麻生太郎のファンダムが 2 ちゃんねるに形成されたという事例があります。秋葉原の来訪者に向け、漫画などをトピックにした街頭演説が行われたことをきっかけに、2ちゃんねるでは好意的な投稿が相次ぎました。それまで、秋葉原のオタクを自認する人々は、政治と自身とのつながりを感じる機会に乏しかったかもしれません。政治家から自らに向けられた視線によってファンダムは情動的結びつきを共有し、言説コミュニティを積極的に維持しました。

米国では、元大統領ドナルド・トランプの支持者によるファンダムがレディット（多岐にわたるトピックのオンラインフォーラム）に形成されています。ウォール＝ヨルゲンセン（2020）は、レディット上でドナルド・トランプを支持するコミュニティに投稿される特定表現などを通じた文化実践によって、内輪意識が強化されていくと指摘しています。特定表現とは、“Pepe the Frog（カエルのペペ）”や“centipede（ムカデ）”のようなトランプコミュニティで頻繁に使用されるネットミームです。前述した麻生太郎の２ちゃんねるファンダムにおいて、例えば「俺たちの麻生太郎」のような表現がそれにあたり、繰り返し用いることでコミュニティの雰囲気が一層醸成され、内輪意識が強化されます。

9-2節　ソーシャルメディアの影響

ソーシャルメディアが政治に与える影響は、社会運動やファンダムといった活動の場に限りません。ソーシャルメディアが世論や集団心理に与える影響についても少し触れたいと思います。

かつて、メディアは世論操作や大衆の誘導に用いられました。ウォルター・リップマンは、米国の第一次世界大戦参戦へ世論を誘導するため、学者や知識人、有名人など大衆に影響を与える人たちを総動員し、新聞、雑誌、街頭ポスター、映画館などあらゆるメディアを活用

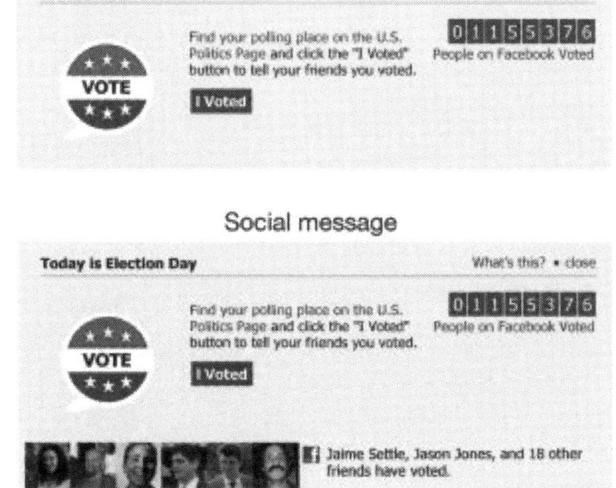

図29　Facebook上の投票メッセージ実験イメージ

（Corbyn 2012）より引用

して、理性よりも感情に働きかける**プロパガンダ**手法を通じて、大衆へ意見をすり込んだと言われています。世論は、厭戦ムードから正義のための戦争へと瞬く間に転換しました（堤 2018）。

リップマンは、人々が物事を理解する際、自らの頭の中にあるイメージを通した解釈を行っていると述べ、**擬似環境**の中に生きていると説明しました。擬似環境の中で固定化された認知を**ステレオタイプ**と呼び、ステレオタイプによって偏見が助長されることの危険性や、曖昧で危うい世論に左右されうる大衆の危険性を指摘しています。

翻って今日の社会において、ソーシャルメディアは世論や集団心理にどのような影響を与えているでしょうか。もっとも直接的に影響を与えた事例に、Facebookの影響による投票率の向上があります。2010年の米国連邦議会選挙期間中にFacebook上で行われた実験では、図29に示すようなFacebookのニュースフィードに投票を促すメッセージをするグループ、投票を促すメッセージに加えて投票した友人のアイコンを表示するグループ、メッセージを何も表示しないグループの3種類に分けて、その効果が検討されました（Corbyn 2012）。

実験を通じて、投票を促すメッセージに加え投票した友人のアイコンを表示したソーシャルメッセージによって、投票数は直接的に約6万票増加したと推定されています。友人が投票に行ったらしいという情報が投票という実際の行動を起こさせた興味深い実験です（Bond et al. 2012）。

6万票は、選挙の結果を覆しうる数値です。ハッシュタグ・アクティヴィズムについて、活動がプラットフォーム内に閉じてしまうという指摘がありましたが、このようにオンラインから実行動が引き起こされる事例も存在します。投票率の向上は好ましい結果である一方、ソーシャルメッセージによってプロパガンダが容易に作成され得ることについては留意する必要があります。

9-3節　ソーシャルメディアと選挙

選挙とソーシャルメディアの関係が初めて注目されたのは、バラク・オバマ陣営による2008年の米国大統領選挙でした。元々あまり知られていない上院議員の1人だったバラク・オバマは、2007年に民主党候補で有名なヒラリー・クリントンの対抗馬として出馬しました。その後、2008年に共和党のジョン・マケイン候補を圧倒した大きな要因として、ソーシャルメディアの活用が指摘されています（Aaker and Chang 2009）。

オバマ陣営によるソーシャルメディア利用は、マケイン候補との差を見ると明らかで、FacebookやX/Twitter、YouTubeなど、あらゆるメディアでオバマ陣営は活発に活動していました。

オバマ陣営のソーシャルメディア利用におけるもう1つの特徴として、専用SNSであるMy.BarackObama.comの立ち上げが挙げられます。専用SNSを通じて小口献金が活発化しただけでなく、オンラインコミュニティ上でオバマ支持運動の輪が広がり、オンラインからオフラインへの運動の昇華が起こったと言われています（前嶋 2016）。このようにして、小口献金者はボランティア活動を通じて、熱心な支持層になるという流れが作られました。

2008年米国大統領選挙におけるオバマ陣営のソーシャルメディア利用の特徴は、専用SNSをはじめとするソーシャルメディアが同じ政治思想を持つ人同士で**多対多のコミュニケーションができる場**としてデザインされ、さらにそこでのコミュニケーションは**露出と覗き**が前提となっているが故に周りの行動を覗き、自分の行動が後押しされる状況となっていた点にあります。わずかな関心から参加したオンラインコミュニティで周りの人が積極的に選挙ボランティア活動をしている様子を目にすることは、参加意欲を募らせ、実際の行動へスムーズに移行させる優れた方法でした。

一方、日本では2013年4月に公職選挙法の改正が行われ、インターネット選挙運動が解禁されました。しかし、インターネットがほぼ無制限に選挙運動に使われている米国と異なり、日本においては制限も少なくありません。従来の選挙運動に関する規制体系はそのままに文書図画の頒布に関わる条文が追加された日本のインターネット選挙解禁について、「理念なき解禁」であったとの指摘もあります（西田 2013）。

9-4節　マイクロターゲティングと選挙

米国における選挙はさらに発展を遂げます。オバマ陣営快勝の4年後、2012年の選挙では、ソーシャルメディアの特徴である**行動がデジタルの足跡として蓄積**されるという点が大いに活用されました。オバマ陣営とミット・ロムニー陣営の両者ともに、有権者のデータ収集および情報拡散の手段としてソーシャルメディアを利用し、特に、米国では合法的な選挙活動の１つである個別訪問による投票呼びかけのために有権者の個人情報や位置情報が活用されるようになりました（前嶋 2020）。選挙戦はビッグデータに基づいた**マイクロターゲティング**の一途を辿ります。

４年後、2016 年には選挙のためのデータ収集はさらに過熱していきました。オバマ陣営の各種データを受け継ぎ選挙戦に挑むヒラリー・クリントン陣営へ対抗するためにドナルド・トランプ陣営が頼ったのが、政策コンサルティング会社のケンブリッジ・アナリティカ社でした。ケンブリッジ・アナリティカ社は、Facebook 上の心理テストアプリを通じて得られた膨大な個人データを用いて、各ユーザの政治的志向に合わせた広告を展開しました。その広告は、対立候補であるクリントン陣営の人格攻撃に至る内容のものもあっただけでなく、政治的志向を変えやすい人をピンポイントで狙い定めた取り組みもあったと言われています（前嶋 2020）。

寄り道：Netflix『グレート・ハック：SNS 史上最悪のスキャンダル』

ケンブリッジ・アナリティカ問題のドキュメンタリーを観てみましょう。

▼ Netflix『グレート・ハック：SNS 史上最悪のスキャンダル』予告編

ケンブリッジ・アナリティカ社はこのようなデータ活用を厳しく追求され、2018 年に廃業に追い込まれました。一連の事件は、ソーシャルメディアのデータによって、私たちの志向や意識までもが操作され得ることが白日の下に晒された出来事となりました。

9-5 節　社会の分極化

ソーシャルメディアをはじめとするインターネット上では、考えの似た人同士が容易につながりやすくなる**エコーチェンバー**を形成することは既に見てきた通りでした。エコーチェンバー内に留まり、その外への想像力を放棄することは、異なる意見を聞き入れずに思想が過激化する温床ともなり得ることが指摘されています。一方で、エコーチェンバーは、多数派に左右されることなく意見を交わし合う**孤立集団内の熟議**を可能にするという利点もあると指摘されています（サンスティーン 2018）。孤立集団内の熟議は、例えば、少数派や周縁化された人々が多数派に黙らせられてしまったり、やり込められてしまうような知識や立場を進展させる可能性を秘めています。

ソーシャルメディアで似た考えの人々の集団が意見を交わし合うことで、元々共有されていた考えがより過激化していくことを**集団分極化**と言います(サンスティーン 2018)。集団分極化はソーシャルメディア上に限った傾向ではありませんが、エコーチェンバーの形成されるオンライン上では特に容易に形成され得ると考えられます。

オンラインに限らず一般に、集団分極化は**限定された議論プール**、**評判についての考察**、**他者による裏付けの影響**の産物であると米法学者のキャス・サンスティーンは整理し、これらに加え、オンラインでは**過剰な断片化**も寄与していると指摘しています（サンスティーン 2018）。例えば、私たちはソーシャルメディアで、自分の考えと似た考えの人々の投稿で構成される X/Twitter のタイムラインという特定の方向に限定された議論プールを持ち、そのような集団の成員から好意的に理解されたいという評判への関心があります。さらに、元々強い関心のなかった出来事に対して、一般的に人は自分の考えに自信が持てない場合には中道に傾くと言われていますが、例えば自身のタイムラインでなんらかの強い意見を目にする機会があれば、「自分と似た考えの人がこのような意見を持っている」と、自身と似た考えの他者の意見によって自信を強めていくのです。そしてソーシャルメディアには、動画の切り取りなど**過剰な断片化**が溢れ、自身の考えに都合のいい解釈の素材に囲まれています。

オンラインの状況下で生じる集団分極化については、実証的にも研究されています。集団の成員が匿名性を保っている方が集団分極化は生まれやすいという指摘（Lee 2007）や、同じ考えを持つ人同士は互いに交流し合い、その交流が集団アイデンティティを強化することが明らかとなっています（Yardi and Boyd 2010）。

では、自身と似た考えに囲まれることだけが悪影響を及ぼすのでしょうか。例えばニュースアプリのSmartNewsは、米国大統領選をきっかけに“News From All Sides”という機能を追加しました（図30）（Shu 2019）。エコーチェンバー内に留まらず、異なる視点を得るための取り組みの１つだと考えられます。

一方で、自身の支持する候補者の言動の矛盾に出会った際、矛盾それ自体を否定する**動機づけられた推論**が行われがちだという研究成果もあります（Westen et al. 2006）。このように、反対意見に接触した結果、元々の自分の意見をより強固なものにしてしまう傾向は**バックファイア効果**とも呼ばれています（辻大介 2021）。つまり、単にさまざまな情報に触れる機会を増やすだけでは、却って偏った意見が強化されてしまうにすぎない可能性があるのです。

米国の社会学・公共政策学者のクリス・ベイルは、実際にエコーチェンバーを壊したらどうなるか、民主党・共和党それぞれの支持者を対象にフィールド実験を行いました（ベイル 2022）。ベイルらは、実験の参加者にソーシャルメディア上で自身と政治的に対立する見解を見続けてもらい、実験前後にインタビューを重ねて参加者の様子を観察しました。熱心な支持者から冷めた支持者まで、さまざまなタイプの参加者を募っています。

ベイルは、熱心な支持者も冷めた支持者も、オンライン上で政治的に対立する見解と出会うと内省が促されるが、それは多様な視点を得るというより政治的アイデンティティへの攻撃だと感じられるようであると述べています。

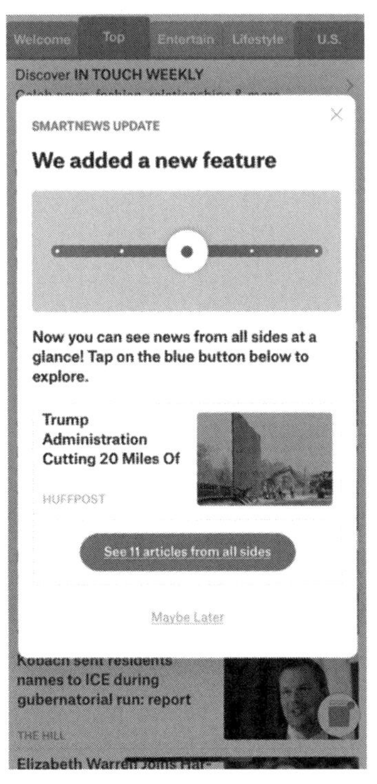

図 30　SmartNews の News From All Sides イメージ（Shu 2019）より引用

この実験では、X/Twitter でボットを作成し、政治的に対立する見解の投稿をリポスト / リツイートするという形でエコーチェンバーを壊しました。実験を通じて、ベイルらは政治的に対立する見解の代表性という問題に気づきます。ごく一部のユーザによる過激な投稿が、対立党派全体の印象形成に影響していたのです。この影響によって、**偽りの分極化**と呼ばれる、対立党派とのイデオロギーの差異を過大評価する傾向が生じます。ベイルは、ソーシャルメディア空間における過激な投稿の影響を最小化するためには、（政治的）穏健派による過激でない投稿が必要だと指摘します。往々にして、実際には大多数を占める穏健派は、ソーシャルメディア空間では政治的投稿をあまり行わない傾向にあります。それは、ソーシャルメディアで政治を議論しても意味がないと感じているからです（ベイル 2022）。

また、自身のエコーチェンバーを出て、自分と意見の異なる人と接触する際に有意義とするためには、その意見が自身の受容域に収まっている必要があるとベイルは指摘します。想像の及ぶ範囲であれば歩み寄りも可能だからです。同様の視点で、ポータル・ニュースサイトが選択的接触・回避を促すという日本の研究もあります。日本におけるポータル・ニュースサイトの実質的な利用の大半を占めるYahoo!ニュースでは、中立性を保つマスメディアや通信社の記事が多く掲載されていることに加え、掲載されている各記事へのコメントを目にすることが政治的意見接触の機会となっていると指摘されています（北村 2021）。ポータル・ニュースサイトが受容域を押し上げる存在なのかもしれません。

サンスティーンは、民主主義のためには自身で選ぶつもりのなかった情報に晒される必要があると述べます。予期せぬ出会いは民主主義そのものの核心である、と。さらに、市民は共通経験を持つことで、異質な人々同士がお互いを理解し合い、社会問題に取り組むことができるとも指摘します。その意味で、私たちがいかにエコーチェンバーと付き合うかは、非常に重要な課題です（サンスティーン 2018）。

サンスティーンはさらに、米作家ジェイン・ジェイコブズ『アメリカ大都市の死と生』を参照し、多様な人や習慣と出会える公共の場としての都市の価値を示しています。歩道でのふれあいのような思わぬ情報との出会いがソーシャルメディア上でも設計される必要があるかもしれません。

演習

演習 9-1

Yahoo! ニュースで政治に関連する任意の記事とコメントを複数閲覧し、コメントにどのような違いがあるかを考察してください。選ぶ記事群は、できるだけ何らかの視点においてばらつきがあることが望ましいです（党派など）。

演習 9-2

多様な意見に触れるためには、ソーシャルメディアはどのようにあるといいでしょうか。現在使っている任意のプラットフォームを例として示し、改善例を考えてください。

第10章

ソーシャルメディアに起因する課題

第10章では、ソーシャルメディアに起因する課題を整理します。大きな課題として2つ、新たなメディアの登場によって生じる炎上と、新たなメディアを支えるデジタルの足跡による情報推薦や人工知能について考えていきましょう。

寄り道：殺人予言システム

2002年に公開されたスティーヴン・スピルバーグ監督の映画『マイノリティ・リポート』は、殺人の事前予知ができる近未来を描いています。しかし、米国では犯罪発生や再犯予測に人工知能が用いられ、決して未来の話ではなくなっています。予測の人工知能には、どのような学習データが用いられていると想像しますか。

▼スティーヴン・スピルバーグ『マイノリティ・リポート』

10-1 節　炎上から見るソーシャルメディア

炎上という言葉が聞き慣れた存在になって、随分経ちました。炎上と聞いてどのような出来事を思い出すでしょうか。バイトテロと呼ばれるアルバイト先でアイスケースの中に入った悪ふざけや、回転寿司で醤油ボトルの注ぎ口を舐める迷惑行為など、さまざまな事例が思い浮かびます。ウェブやソーシャルメディアにおける**炎上**とは、特定の対象に対して批判が殺到し、収まりがつかなさそうな状態を指します（荻上 2007）。

本節では、さまざまな種類のある炎上のうち、些細な悪ふざけや仲間うちでのいつものコミュニケーションが、意図せず情報拡散されてしまったことによって引き起こされた事例を想定して、ソーシャルメディアのメディア特性を考えたいと思います。炎上からソーシャルメディアを捉えてみましょう。

2017 年の山口らによる炎上事例の調査では、炎上は**一般人が大規模化しやすく**、大炎上に占める 27.6% が一般人であると示されています（山口 2022）。一般人の炎上は、バイトテロのような規範に反した

寄り道：さまざまな炎上

ひとことで炎上と言っても、実にさまざまな種類があります。例えば、世の中の認知度を向上させる炎上商法や、注目を浴びるための自作自演のような意図的な炎上もあります。日本国内の炎上に関する研究は、山口真一『ソーシャルメディア解体全書：フェイクニュース・ネット炎上・情報の偏り』が詳しいです。

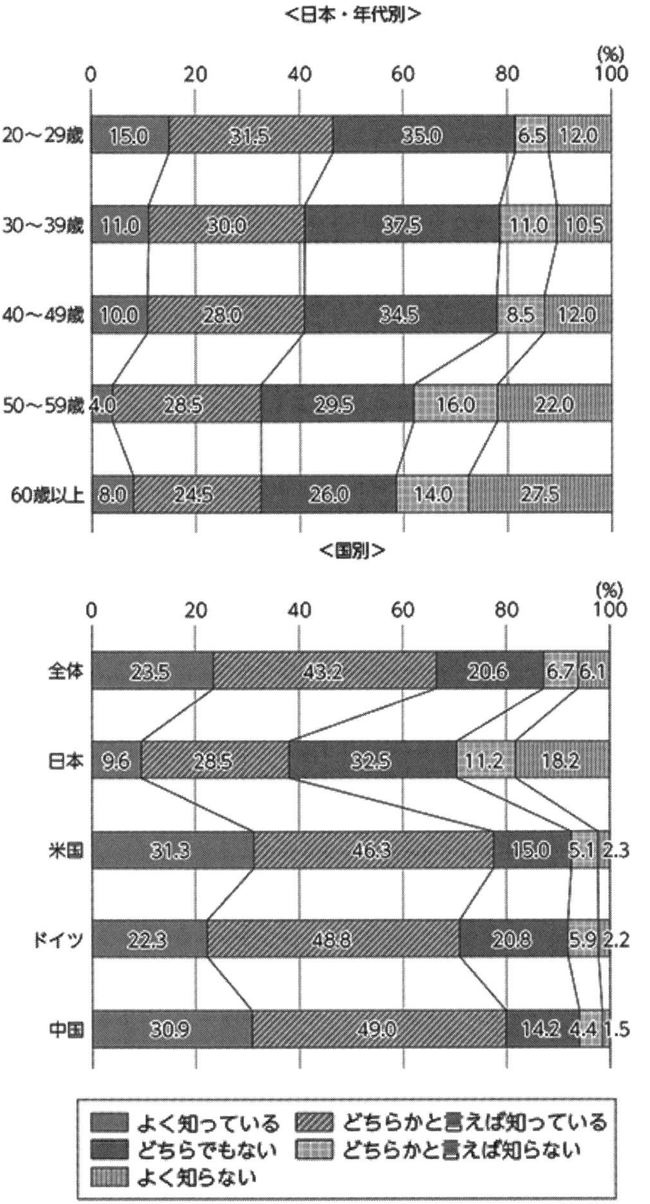

図 31　SNS 等で自分の考え方に近い意見や情報が表示されやすいことに対する認識の有無（総務省 2023）より引用

行為などの意図しない情報拡散に基づくものが少なくありません。それは、仲間内でのいつもの会話やちょっとした悪ふざけといったコミュニケーションが覗かれ拡散されうるからです。このような状況を板倉は**意図せぬ公人化**（板倉 2006）と呼び、ソーシャルメディア等の登場前には注目されなかった事象の違法性が暴露されるという点を指摘しています。

意図せぬ公人化の起こる背景について補足すると、図 31 に示すように、日本では、「ソーシャルメディア等において情報推薦によって自身の考えと近い考えやコンテンツが表示されやすい」という認識が低いという調査結果があります（総務省 2023）。ソーシャルメディアでは自身の考えに近い意見や情報が表示されやすいという点、言い換えると私たちはエコーチェンバーに囲まれているという認識が低いことは、意図せぬ情報拡散や、その先の炎上を引き起こしかねません。

日本で初めて炎上と認識されたのは、1999 年、匿名掲示板 2 ちゃんねるを舞台にした東芝クレーマー事件だと言われています（山口 2022）。その後も匿名掲示板から広まる炎上事件は数多くありましたが、その件数が飛躍的に伸びるのは 2011 年以降です（総務省 2019b）。日本では、2011 年 3 月の東日本大震災で X/Twitter の利用者数が伸びたと言われており、それと呼応するかのように炎上の件数も 2011 年に大幅に伸びています。それまでソーシャルメディアを利用していなかった層の流入と X/Twitter の情報拡散力が相まって、炎上件数が大幅に増えたのです。

さらに、炎上件数が増えた 2011 年以降のメディア利用について考えていきましょう。2011 年以降の日本における大きな特徴の 1 つに、スマートフォンの急激な普及があります。インターネットへの接続端末にスマートフォンが選ばれるようになった結果、ソーシャルメディアへの投稿者数も倍増しました。その結果、**ウェブのコミュニケーション化**と**シェア（転送）の身内化**が起こったと指摘されています（佐々木 2018)。

ウェブのコミュニケーション化とは、メッセージ内容よりもコミュニケーション行為それ自体が目的化されるという状況です。SNS上でのコミュニケーションの在り方から、**つながりの社会性**という言葉でも説明されました（北田 2005)。ソーシャルメディアに接続する端末がパソコンからモバイルへと変わり、スマートフォンの小さな画面ではパソコンで交わされていたやり取り以上に瞬間的に反応するコミュニケーションが交わされやすくなっています。

シェア（転送）の身内化とは、例えばX/Twitterではリポスト/リツイートを通じてフォロワーへ情報提供をしたり、Facebookでは自身のいいねが友人のフィードへ流れたりといったように、世界中へ向けた発信ではない特定多数を対象にしたシェアが一般化したという特徴を指します。

ウェブのコミュニケーション化とシェア（転送）の身内化という状況によって、ソーシャルメディアでは、おもしろかったり可愛らしかったりといった、感情に訴えかけ共感を呼びやすいコンテンツの流通量が支配的になっていったと言われています（佐々木 2018; 総務省 2015)。そして、このようなメディア利用の特徴は自身のフォロワーに向けて共感を呼びやすいコンテンツを投稿する土壌となり、時として、仲間内でとどめておくべき悪ふざけのようなコミュニケーションをソーシャルメディアに表出する背景を生み出していくのです。

では、炎上という観点から、ソーシャルメディアとはどのようなメディア特性を持っていると考えられるでしょうか。ソーシャルメディアは**多対多のコミュニケーションができる場**であり、そこでのコミュニケーションは**露出と覗き**が前提です。にもかかわらず、ウェブのコミュニケーション化とシェア（転送）の身内化が起こったことにより、自身のフォロワーという特定多数に向けたコンテンツのシェアが一般化し、ソーシャルメディア上では露出が前提であるという意識は希薄になっていきました。ソーシャルメディアのフィードに表示されるコンテンツは**デジタルの足跡**に基づいて**個別最適化**されていますが、特に日本では、そのような状況、すなわちエコーチェンバーに囲まれているという認識が他国に比べ相対的に低く、身内に向けたコミュニケーションが時として意図せぬ情報拡散に見舞われてしまう可能性があるのです。

炎上が起こるメカニズムを説明する理論には、**同調**や**集団極化**および**集団思考**、**沈黙の螺旋**、**情報カスケード**などがあり、これらが複雑に絡み合って炎上が起こっていると考えられています（田中 and 山口 2016）。

同調とは、意見を曲げて多数派に合わせてしまうこと、**集団極化**とは集団だと意思決定が極端になること、**集団思考**とは、批判的な意見を排して愚かな意思決定へ向かうことを言います（田中 and 山口 2016）。仲間内での会話がいつの間にか悪ふざけになったり、それを切り取られて意図せぬ情報拡散につながったりするのは、ソーシャルメディアのエコーチェンバーの中で、自身を含む集団の些細な悪ふざけを多数派だと錯覚してそれに同調してしまったり、あるいは集団での極端な悪ふざけに違和感を覚えにくいという理由があります。悪ふざけの度が過ぎてしまい、集団内で諫める声が少数出たとしても、それを排してしまうのも集団思考の１つです。私たちは、集団に大きく影響され行動をしています。そのため、当事者以外は「なぜこのように浅はかなことをしたのか」と疑問に思うようなことも、当事者集団にはなかなか気づきにくいのです。

沈黙の螺旋とは、声高に同調を求める多数派の社会的圧力によって、少数派は沈黙を余儀なくされるというマスコミュニケーション研究の理論です。例えばソーシャルメディア上でも、多数の批判が殺到している炎上を見ると、擁護する人はごく少数かまるでいないかのように見えることがあります。ただし、ソーシャルメディア特有のメディア特性として、1人がいくつもの投稿をすることができ、場合によってはいくつものアカウントを保持することさえ可能であるという点が挙げられます。ネット炎上に関わる人はごくわずかと言われており（山口 2015)、ソーシャルメディア上において多数派に見える存在は、実はごく少数であるという点に注意が必要です。

情報カスケードとは、小さな滝がつながって大きな滝となっていくように、行動や情報がさらなる集団行動や現象を引き起こす循環構造を持っている様を指します（田中 and 山口 2016; 田代 and 折田 2012)。例えばX/Twitterにおけるリポスト／リツイートの連鎖がこれにあたり、情報カスケードによって批判が可視化され膨大に見えるようになるのです。

このように、意図せず情報拡散してしまった炎上からソーシャルメディアを捉えると、ソーシャルメディアとは、プラットフォーム上の私たちがエコーチェンバーの中に囚われている自覚のないまま、特定多数の身内に向けたシェアの内容が露出する場として特徴付けられます。

10-2節　情報推薦とソーシャルメディア

前節では、意図せぬ情報拡散による炎上という観点からソーシャルメディアの特徴を捉え直しました。本節では、デジタルの足跡が残る場、すなわちプラットフォーム上における私たちの行動履歴によってコンテンツや広告が推薦されることが一般化した場として、ソーシャルメディアとはどのようなメディアなのかを考えていきましょう。

まず、ソーシャルメディアで目にするコンテンツと、マスメディアで目にするコンテンツの違いについて考えていきましょう。マスメディアの特徴に、発信が専門や権威をはじめとする一部の人々によるものに限定されている点があります。一部の人が多くの人に向けた発信をするため、その発信には専門性や権威による信頼性の担保があります。言い換えると、マスメディアに並ぶコンテンツは専門家や権威による選定が行われているということです。さらに、マスメディアではチャンネルや雑誌など同じものを選択すれば同一の内容が皆に提供されます。時として、あまり関心のない内容も目にすることがあるでしょう。それは言い換えると、偶然の出会いがあるということでもあります。

一方で、ソーシャルメディアで目にするコンテンツは同じプラットフォーム上でも人によってそれぞれです。なぜなら、ソーシャルメディアでユーザが目にするのは、**デジタルの足跡**に基づく各ユーザへのおすすめコンテンツだからです。例えばFacebookでは、フォローしている人やいいね！　あるいはコメントしたコンテンツなど、さまざまな行動履歴に基づいてユーザが興味を持ちそうなコンテンツを**予測**してフィードに流しています（Lada, Wang, and Yan 2021)。この予測は複数のアルゴリズムを用いて行われています。さらに、例えばいいね！　を重視するか、コメントによる交流を大切にするかなど、ユーザの傾向も加味されます。

このようなアルゴリズムによるおすすめの表示、すなわち情報推薦は今や当たり前のものとなりましたが、このような機能はソーシャルメディアの登場当時には主流ではありませんでした。例えばmixiやX/Twitterは、かつて、フィードに流れるコンテンツを時系列（新着順）で表示していました。時系列でコンテンツが表示されるのが一般的であった頃は、多くのユーザがソーシャルメディアにアクセスするであろう時間帯を考慮したメディア戦略も存在していました。

なぜ、ソーシャルメディアに表示されるコンテンツは、時系列ではなくアルゴリズムに基づくおすすめ順となったのでしょうか。おすすめ順の方がよりコンテンツを閲覧し、コミュニケーションを行い、プラットフォーム上で多くの時間を過ごしてもらえるからです。では、なぜ、プラットフォーム上で少しでも多くの時間を過ごしてもらいたいのでしょうか。過ごす時間が増えるほどに広告が閲覧され収益が増えるだけでなく、より多くのデータが蓄積され、推薦アルゴリズムも強化され、結果として広告プラットフォームとしての価値も向上するからです。こうして、数多あるソーシャルメディアのプラットフォームは私たちの24時間を奪い合っています。文字通り、アテンション・エコノミーに支配されているのです。

ここで、ソーシャルメディアを含む、インターネット広告費成長の歴史を見てみましょう（図32）（長谷川 2023）。

インターネット広告の急速な成長の背景には、アドテクノロジーを活用したターゲティング技術があります。このような方向性へ大きな影響をもたらしたのは、2003年に登場したGoogle AdSenseです。検索履歴に応じた広告を表示させることで、ユーザそれぞれの関心に応じた広告を表示させることを可能にしました。その後、ページの閲覧履歴のデータを活用した広告配信をはじめとして、今日のインターネット広告技術は複雑化、多様化の一途を辿っています。

普段、ソーシャルメディアを使っている際にフィードに流れてくる広告は、どのような広告でしょうか。それなりに趣味に合う広告が表

寄り道：アテンションの購入

YouTubeのスーパーチャット（スパチャ）に代表されるように、ライブ配信サービスの投げ銭機能が一般化してきました。メッセージに金銭的インセンティブを付与することで、配信者からの特別なリアクションが受け取れることもあります。投げ銭は、「視聴者のアテンションを集める配信者」のアテンションを直接的に購入する仕組みと捉えられます。

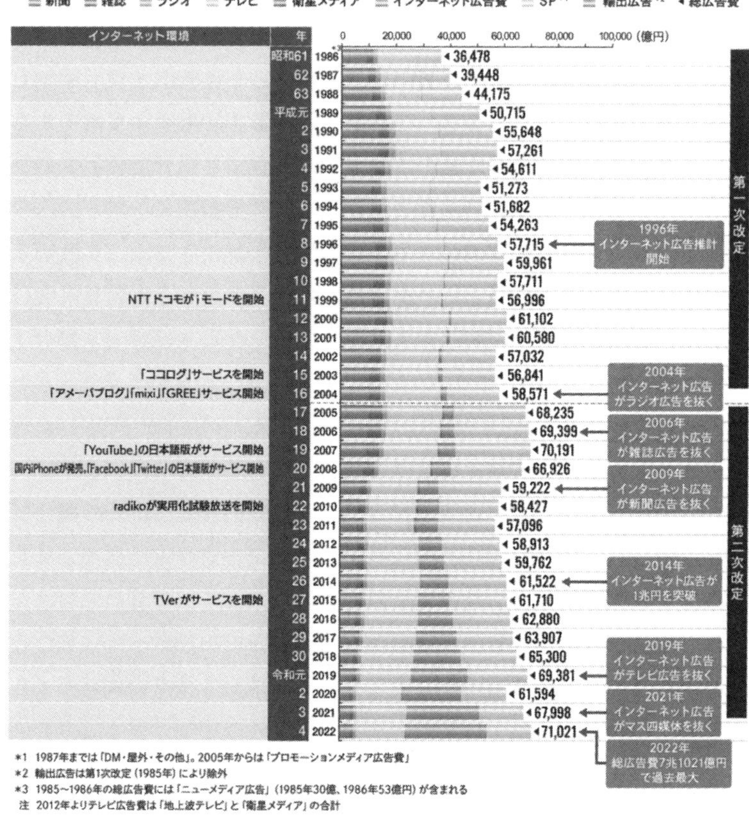

図 32　インターネット広告費の成長（長谷川 2023）より引用

示されることに感心した経験のある方も少なくないのではないでしょうか。ソーシャルメディアのフィードに表示される広告は、ユーザの属性や位置情報といった登録情報や、プラットフォーム上でどのようなコンテンツをフォローやいいねしているかといった利用傾向に基づくことが可能です。そのため、条件を絞った**マイクロターゲティング**と**ユーザの関心に沿った広告**が提供できます。広告主にとっては、マイクロターゲティングはローコスト、関心に沿った広告は高いリーチが見込めます。

情報推薦については、1995年という遥か昔に、ある前触れがありました。マサチューセッツ工科大学メディアラボの創設者ニコラス・ネグロポンテによる、著書『Being Digital』での**デイリー・ミー "The Daily Me"** の登場の予言です。ネグロポンテは、あらゆるものがデジタル化された社会で提供されるだろう、個人の好みにカスタマイズされた日刊紙をデイリー・ミーと呼びました（Negroponte 1996）。私たちには今、毎日デイリー・ミーが届けられます。検索エンジンやソーシャルメディアに代表されるさまざまなデジタルメディアから、アルゴリズムがせっせと働いているのです。それは日刊（Daily）のような優雅な余裕はなく、分刻み（minute-to-minute）で忙しくなく、ひとたび私

寄り道：世界で初めてのインターネット広告

世界で初めてのインターネット広告は1994年、米国電話会社のAT&T社によるHotWired.comへのバナー広告でした。インターネット黎明期に登場したバナー広告は、インターネットのコンテンツ上に枠を作り広告を掲載する形のもので、新聞や雑誌の一部枠に掲載される広告と同様の考え方でした。

▼日経クロステック Active：始まりは1994年のあのバナーから、Webマーケティングの歴史を振り返る

たちがデジタル機器に目をやれば、瞬く間に届けられる存在です。

ところで、**デジタルの足跡**は、いつから存在して、当たり前の存在になったのでしょうか。デジタルメディアの発展と共にデジタルの足跡の蓄積が進んできましたが、社会がデジタルの足跡の記録を積極的に受け入れたのは、米国においては 2001 年 9 月 11 日のアメリカ同時多発テロ事件が 1 つの契機であったと米社会学者シェリー・タークルは指摘します（タークル 2018）。9.11 は子供たちがスマートフォンを携える理由を作り、安全管理のために通信は監視され、デジタルの足跡として行動を記録することを受け入れるきっかけとなりました。同時に、9.11 は Google の追い風になったという議論もあります。米政

寄り道：インフルエンサーによる広告

ソーシャルメディア上ではユーザが商品などの宣伝（PR）をする形の広告もあります。例えば Instagram では、インフルエンサーと呼ばれる影響力の大きいユーザが商品やサービスの宣伝のために行う投稿がそれにあたります。このような形の広告は、インフルエンサーに普段から親しみを覚えているフォロワーに向けて情報を届けられるだけでなく、インフルエンサーに対して抱かれている好印象や信頼が宣伝にも波及するという特徴があります。

言い換えると、宣伝であると明記されなければ、インフルエンサーによって宣伝される商品やサービスは適切な形でユーザに届けられません。このように、宣伝である旨明記されない広告はステルスマーケティングとも呼ばれ、昨今社会問題化しています。このような背景のもと、2023 年 10 月にはいわゆるステルスマーケティングに対する法規制が開始されました（消費者庁 2023）。

府は安全保障のため、Google の監視資本主義的知識を評価、育んでいったとも言われています（ズボフ 2021）。

日本においても、2011 年 3 月 11 日の東日本大震災をきっかけにメッセージングサービスの LINE が誕生しています。安否確認のため既読通知がサービスの機能として実装され（小林 2014）、私たちは文字も絵文字も送り合わない、**デジタルの足跡でもコミュニケーション**をするようになりました。このように、デジタルの足跡はデータの蓄積としての価値を帯び、さらに新たなコミュニケーションの粒度として社会に受け入れられています。

寄り道：サマンサは彼のデイリー・ミー

スパイク・ジョーンズ監督の映画『her／世界でひとつの彼女』は、主人公が人工知能のサマンサに恋をする物語です。主人公はサマンサを好きにならずにはいられません。なぜならサマンサは彼のデイリー・ミー、彼の欲する何もかもを予測し、コミュニケーションできる存在だからです（サンスティーン 2018）。

▼映画『her／世界でひとつの彼女』

10-3 節　自分の情報のコントロール

ソーシャルメディアを含むあらゆるインターネットサービスやデジタル機器は、私たちの行動をデジタルの足跡として記録します。デジタルの足跡がプラットフォーム運営の収益面に貢献していることは、これまで見てきた通りです。ソーシャルメディア上のデジタルの足跡に限らず、このようにして蓄積される膨大なデータは**ビッグデータ**とも呼ばれ、私たちの行動や社会を理解するための新たな手立てとして活用されています。

第 7 章では、人間関係の構造を理解する手立てとして、メールのやりとりや SNS の友人関係といったデータを活用した事例を紹介しました。これらのデータを活用した研究がネットワーク科学を切り開いたように、ビッグデータもさまざまな研究分野に新たな知見をもたらしています。前節で見たような情報推薦もまた、このようなビッグデータなしには成し得ませんでした。

デジタルの足跡の蓄積によるビッグデータは、確かに私たちの生活の利便性を向上させているでしょう。一方で、いくつかの懸念すべき点もあります。

情報推薦は、みなさん個々人を含む膨大な人々のデジタルの足跡を分析し、行動のパターンや相関関係に基づいて行われています。ここでポイントとなるのは、みなさん個々人の振る舞いだけではなく、似たような行動をしていたり、属性を持っていたりという**パターン**によってプロファイリングが行われているという点です。

このようなプロファイリングによってマイクロターゲティングも可能となり、確かに利便性は向上しています。しかし、法学者の山本龍彦は、すべてをビッグデータに基づくプロファイリングに委ねると、**うわべだけの相関関係**や**データの代表性問題**、**既存バイアスの反映**といった要因によって、予測結果に誤りが生じる危険性があると指摘しています（山本 2017)。Googleは、2009年末にパーソナライズド検索を発表しました。パーソナライズ、すなわち個人化という言葉から想像するのは、私たちのことをよく知る誰かによるオーダーメイドです。しかし、パーソナライズの裏側にあるのは、私たちと似たような行動をしている膨大な人たちの行動パターンであり、本来の意味の個人とは異なると山本は論じています。かつて世界中のあらゆる情報にアクセスできると期待の眼差しが向けられたGoogleは、パーソナライズによって、あなたに意図的に見せない世界も持ち合わせているのです。

寄り道：映画『サマーウォーズ』

ビッグデータと社会との関係を象徴的に描いた2009年の映画に、細田守監督『サマーウォーズ』があります。舞台となる仮想世界OZでは、あらゆるサービスが享受でき、個人情報も守られているということになっています。しかし、OZの世界のデータが悪意ある何者かによって流出したり、あるいはアルゴリズムが書き換えられサービスが改変されてしまったとしたらどうなるでしょうか。

▼映画『サマーウォーズ』

10-4 節　デジタルの足跡の不完全性

本書で繰り返し取り上げた**デジタルの足跡**というソーシャルメディアの特徴は、プラットフォーム上での情報推薦に用いられ、ユーザの滞在時間を増やし、それによってアルゴリズムは精緻化されるというサイクルの起点にあります。パーソナライズされた広告による収益は、直接的にプラットフォームを支える存在です。

かつて、Facebook は世界で最も広告効果の高い場所と謳われたことがあります。それは、世界中のどのプラットフォームよりも多くの個人データを保持しているが故に、非常に精度の高いマイクロターゲティングが可能だったからです。しかし、マイクロターゲティングのためのデジタルの足跡は、ズボフの言う**シャドウテキスト**、すなわち私たちが触れることのできないままプラットフォームに蓄積され続けるコンテンツの閲覧時間やアプリケーションの起動タイミング、その他何もかもの行動履歴です。EU では 2018 年 5 月より個人データやプライバシーの保護を目的とした **GDPR（General Data Protection Regulation：一般データ保護規則）**が施行されました。しかし、Facebook へ自分自身のシャドウテキストの開示請求を行うと何年も時間がかかるという事例が示す通り（WIRED 2018）、個人データの保護や開示は、少なくとも一般人が気軽にできるものではありません。

加えて、デジタルの足跡の不完全性への認識も求められます。膨大な個人情報と行動履歴が蓄積され続ける Facebook でさえ、保持するデータは個人のほんの一側面に限ります。アフターデジタルと呼ばれるように、私たちの行動の少なくない部分はオンラインに包含されるようになりつつありますが、限定的なデータによって個人のすべてを理解することはできないのです。

デジタルの足跡の不完全性への視点は、先述したデータの代表性問題にも続きます。人工知能（AI、Artificial intelligence）は、その急速な発展によって今や私たちの生活のあらゆるところで出会います。しかし、人工知能による推薦は学習データに基づくことから、学習データそれ自体の誤謬の可能性も否定できません。かつて、Amazon 社では採用時に試験的に人工知能を活用していました。しかし、学習データが社の採用データであったが故に、女性に不利なバイアスがかかり、使用を中止したという経緯があります（Dastin 2018）。コンピュータ科学者のジョイ・ブオラムウィーニは、大学院生の頃に人工知能による顔認識技術で黒人女性の顔の判定率が低くなるという問題に気づき、声を上げました（Hardesty 2018）。学習データに「スタンダードな人間」として白人男性を多く用いているためです。普段、私たちが

寄り道：AI に潜む偏見

マサチューセッツ工科大学メディアラボに所属する学生だったジョイ・ブオラムウィーニは、自身の顔の認識率が低いことに気づいたことから、人工知能に潜む偏見という課題に取り組み始めました。身の回りの些細な違和感を無視しないことが大切です。シャリニィ・カンティア監督によるドキュメンタリー『AI に潜む偏見：人工知能における公平とは（原題：Coded Bias）』を観てみましょう。

▼ Netflix『AI に潜む偏見：人工知能における公平とは』

人工知能と接する時、どのような学習データを用いているかわかり得ません。人工知能における公正の議論が重ねられる中で、少なくとも学習データにどのような偏りが潜んでいる可能性があるか、関心を絶やさないことが重要です。

人工知能に出会う場が増えるということは、私たちが普段ソーシャルメディア上で当たり前のように受け入れている情報推薦に、オンライン以外の場でも出会う頻度が高まるということでもあります。人工知能による利便性や革新性を享受すると同時に、ブラックボックス化されている人工知能の内側への想像力を持つことが求められます。

演習

演習 10-1

あなたが受けたことのある、違和感のある情報推薦の例を教えてください。具体的にプラットフォームを示しながら、自身のどのような行動に基づいて推薦されたか、推測してみましょう（推薦内容は、コンテンツでも広告でも構いません）。

演習 10-2

人工知能の発展と一般化によって、今後どのような「AI に潜む偏見」が生じ得るか、自身の考えを述べてください。

おわりに

本書は、ソーシャルメディアのメディアとしての特徴を理解するために必要な領域を横断的に扱いました。一方で、今回は扱うことができなかった注目すべき領域やテーマも少なくありません。

１つ例を挙げると、ソーシャルメディアを通じた**出会い**は、今後より一層の研究の蓄積が求められます。出会い系がいつの間にかマッチングアプリとなり、人と人との出会い方は大きな変容を遂げています。マッチングアプリで出会った２人をつなぐのは弱い紐帯であり、大学やアルバイト先など共通の知り合いの多い強い紐帯で形成されるコミュニティとは異なる関係構築が想像できます。また、指先のタップとスワイプで相手を評価する行為は、人間を並列に並べ、他のコンテンツと同じように快不快が判断根拠となっており、アプリ登場以前とは異なった状況です。人と人とのつながりから見る社会構造、出会いの低コスト化、新たな関係性の登場など、さまざまな側面から研究が必要です。

次から次へと新たなプラットフォームが登場するソーシャルメディアは、しかし、目先のことばかり追う近視眼的な観点だけではサービス評論に留まり、メディアを問うことは難しくなります。一方で、巨視的な観点さえあればいいかというと、それもまた適当ではなく、常に具体的なメディア実践への高い感度が求められます。メディアの特徴は細部に宿ります。これまでのメディア論および周辺研究の蓄積に学び、一方で具体的なメディア実践への接触や想像力を損なうこともなく、その両輪を回し続け、共にソーシャルメディア論をアップデートし続けていきましょう。

謝辞

2003年に大学に入学した私は、mixiとともに学部生時代を、そしてTwitterに溺れ助けられた大学院生時代を過ごしました。当時から、ソーシャルメディアを新しい社会調査の可能性と捉え研究に取り組んできました。そのようなアプローチは今でも継続していますが、一方で、ソーシャルメディアのメディア特性を改めて捉え、理解していく必要があることをひしひしと感じていました。このような必要性が、『はじめてのソーシャルメディア論』を考えたきっかけです。

本書では、ごく身近な経験からはじまり、常に自らを起点としてソーシャルメディアを理解するという視点を大切にしました。それは、既にこれまで見てきた通り、ソーシャルメディアを通じた経験がそれぞれにまったく異なる点に本質的なおもしろさがあるからです。本書を教科書として利用する講義では、毎回の課題を通じて、個々人の経験の多様性について議論してきました。履修者のみなさんから提出された課題には、毎回、必ず驚きと納得が入り混じっています。その意味で、本書『はじめてのソーシャルメディア論』は、履修者のみなさんと共に議論することが欠かせません。今までの、そしてこれからの履修者のみなさんに感謝します。

頼もしい友人にも大変貴重なコメントをいただきました。児玉哲彦さんには学術的な視点から最先端の社会を見つめ、本書がどうあるべきか非常に詳細なフィードバックをいただきました。持木俊介さんには、実務家ならではの視点と優しい応援をいただきました。

書籍化のご相談に乗ってくださった文教大学情報学部メディア表現学科の元学科長である岡野雅雄先生には、大きな励ましをいただきました。書籍化が実現したのは、企画に耳を傾けてくださった三和書籍代表取締役の高橋考さん、そして大変丁寧に編集を重ねてくださった小玉瞭平さんのおかげです。

最後に、毎晩のように議論につきあってくれた家族、白土慧さんに感謝します。

参考文献

Aaker, Jennifer, and Victoria Chang. 2009. "Obama and the Power of Social Media and Technology." Stanford Graduate School of Business. 2009. https://www.gsb.stanford.edu/faculty-research/case-studies/obama-power-social-media-technology

Abidin, Crystal. 2016. "Visibility Labour: Engaging with Influencers' Fashion Brands and #OOTD Advertorial Campaigns on Instagram." Media International Australia 161 (1): 86–100. https://doi.org/10.1177/1329878X16665177

Acquisti, Alessandro, and Ralph Gross. 2006. "Imagined Communities: Awareness, Information Sharing, and Privacy on the Facebook." In Privacy Enhancing Technologies, edited by George Danezis and Philippe Golle, 36–58. Lecture Notes in Computer Science. Berlin, Heidelberg: Springer. https://doi.org/10.1007/11957454_3

Aichner, Thomas, Matthias Grünfelder, Oswin Maurer, and Deni Jegeni. 2021. "Twenty-Five Years of Social Media: A Review of Social Media Applications and Definitions from 1994 to 2019." Cyberpsychology, Behavior, and Social Networking 24 (4): 215–22. https://doi.org/10.1089/cyber.2020.0134

Albert, Réka, and Albert-László Barabási. 2002. "Statistical Mechanics of Complex Networks." Reviews of Modern Physics 74 (1): 47–97. https://doi.org/10.1103/RevModPhys.74.47

Ante, Spencer E. 2009. "Amazon: Turning Consumer Opinions into Gold." Bloomberg.Com, October 15, 2009. https://www.bloomberg.com/news/articles/2009-10-15/amazon-turningconsumer-opinions-into-gold

Aronson, S. H. 1971. "The Sociology of the Telephone." International Journal of Comparative Sociology 12 (3): 153–67.
https://doi.org/10.1177/002071527101200301

Barabási, Albert-László. 2015. "Network Science." 2015.
http://networksciencebook.com/

Berners-Lee, Tim. 1989. "The Original Proposal of the WWW, HTMLized." 1989. https://www.w3.org/History/1989/proposal.html

Bishop, Mandi. 2019. "Healthcare Social Media for Consumer Informatics: Solutions for Health and Health Care." In , 61–86.
https://doi.org/10.1007/978-3-319-96906-0_4

Blumenstock, Joshua, Gabriel Cadamuro, and Robert On. 2015. "Predicting Poverty and Wealth from Mobile Phone Metadata." Science 350 (6264): 1073–76.
https://doi.org/10.1126/science.aac4420

Boldi, Paolo, and Sebastiano Vigna. 2012. "Four Degrees of Separation, Really." In Proceedings of the 2012 International Conference on Advances in Social Networks Analysis and Mining (ASONAM 2012), 1222–27. ASONAM '12. USA: IEEE Computer Society. https://doi.org/10.1109/ASONAM.2012.211

Bond, Robert M., Christopher J. Fariss, Jason J. Jones, Adam D. I. Kramer, Cameron Marlow, Jaime E. Settle, and James H. Fowler. 2012. "A 61-Million-Person Experiment in Social Influence and Political Mobilization." Nature 489 (7415): 295–98. https://doi.org/10.1038/nature11421

Boyd, Danah M., and Nicole B. Ellison. 2007. "Social Network Sites: Definition, History, and Scholarship." Journal of Computer-Mediated Communication 13 (1): 210–30. https://doi.org/10.1111/j.1083-6101.2007.00393.x

Brady, William, Julian Wills, John Jost, Joshua Tucker, and Jay Van Bavel. 2017. "Emotion Shapes the Diffusion of Moralized Content in Social Networks." Proceedings of the National Academy of Sciences 114 (June): 201618923.
https://doi.org/10.1073/pnas.1618923114

Brin, Sergey, and Lawrence Page. 1998. "The Anatomy of a Large-Scale Hypertextual Web Search Engine." Computer Networks and ISDN Systems, Proceedings of the Seventh International World Wide Web Conference, 30 (1): 107–17. https://doi.org/10.1016/S0169-7552(98)00110-X

Burkeman, Oliver. 2002. "Bloggers Catch What Washington Post Missed." The Guardian, December 21, 2002, sec. US news.
https://www.theguardian.com/technology/2002/dec/21/internetnews.usnews

Carr, Caleb T., and Rebecca A. Hayes. 2015. "Social Media: Defining, Developing, and Divining." Atlantic Journal of Communication 23 (1): 46–65.
https://doi.org/10.1080/15456870.2015.972282

Cinelli, Matteo, Gianmarco De Francisci Morales, Alessandro Galeazzi, Walter Quattrociocchi, and Michele Starnini. 2021. "The Echo Chamber Effect on Social Media." Proceedings of the National Academy of Sciences of the United States of America 118 (9): e2023301118.
https://doi.org/10.1073/pnas.2023301118

Clark, Andrew. 2008. "How Jerry's Guide to the World Wide Web Became Yahoo." The Guardian, February 1, 2008, sec. Technology.
https://www.theguardian.com/business/2008/feb/01/microsoft.technology

Corbyn, Zoe. 2012. "Facebook Experiment Boosts US Voter Turnout." Nature, September. https://doi.org/10.1038/nature.2012.11401

Dastin, Jeffrey. 2018. "Amazon Scraps Secret AI Recruiting Tool That Showed Bias against Women." Reuters. October 10, 2018.
https://www.reuters.com/article/us-amazon-com-jobs-automation-insight-idUSKCN1MK08G.

Edunov, Sergey, Smriti Bhagat, Moira Burke, Carlos Diuk, and Ismail Onur Filiz. 2016. "Three and a Half Degrees of Separation - Meta Research." Meta Research. February 2016.
https://research.facebook.com/blog/2016/2/three-and-a-half-degrees-of-separation/

Ellison, Nicole B., and Danah M. Boyd. 2013. Sociality Through Social Network Sites. Edited by William H. Dutton. Vol. 1. The Oxford Handbook of Internet Studies. Oxford University Press.
https://doi.org/10.1093/oxfordhb/9780199589074.013.0008

Garton, Laura, Caroline Haythornthwaite, and Barry Wellman. 1997. "Studying Online Social Networks." Journal of Computer-Mediated Communication 3 (1): 0–0. https://doi.org/10.1111/j.1083-6101.1997.tb00062.x

Granovetter, Mark S. 1973. "The Strength of Weak Ties." American Journal of Sociology 78 (6): 1360–80.

Grove, Jennifer Van. 2014. "Facebook Then and Now (Pictures)." CNET. February 2014.
https://www.cnet.com/pictures/facebook-then-and-now-pictures/

Hagel, John. 1999. "Net Gain: Expanding Markets through Virtual Communities." Journal of Interactive Marketing 13 (1): 55–65.

Hall, Stuart. 1973. "Encoding and Decoding in the Television Discourse." CCCS Selected Working Papers. 2 (September). http://epapers.bham.ac.uk/2962/

Hardesty, Larry. 2018. "Study Finds Gender and Skin-Type Bias in Commercial Artificial-Intelligence Systems." MIT News | Massachusetts Institute of Technology. February 12, 2018.
https://news.mit.edu/2018/study-finds-gender-skin-type-bias-artificial-intelligence-systems-0212

Hu, Yuheng, Lydia Manikonda, and Subbarao Kambhampati. 2014. "What We Instagram: A First Analysis of Instagram Photo Content and User Types." Proceedings of the International AAAI Conference on Web and Social Media 8 (1): 595–98. https://doi.org/10.1609/icwsm.v8i1.14578

Hughes, David John, Moss Rowe, Mark Batey, and Andrew Lee. 2012. "A Tale of Two Sites: Twitter vs. Facebook and the Personality Predictors of Social Media Usage." Computers in Human Behavior 28 (2): 561–69.
https://doi.org/10.1016/j.chb.2011.11.001

Joinson, Adam N. 2008. “Looking at, Looking up or Keeping up with People? Motives and Use of Facebook.” In Proceedings of the SIGCHI Conference on Human Factors in Computing Systems, 1027–36. CHI ’08. New York, NY, USA: Association for Computing Machinery. https://doi.org/10.1145/1357054.1357213

Kaplan, Andreas M., and Michael Haenlein. 2010. “Users of the World, Unite! The Challenges and Opportunities of Social Media.” Business Horizons 53 (1): 59–68. https://doi.org/10.1016/j.bushor.2009.09.003

Kapoor, Kawaljeet Kaur, Kuttimani Tamilmani, Nripendra P. Rana, Pushp Patil, Yogesh K. Dwivedi, and Sridhar Nerur. 2018. “Advances in Social Media Research: Past, Present and Future.” Information Systems Frontiers 20 (3): 531–58. https://doi.org/10.1007/s10796-017-9810-y

Karlgaard, Rich. 2005. “Cheap Revolution Meets Web 2.0.” Forbes. November 2005.
https://www.forbes.com/sites/digitalrules/2005/11/21/cheap-revolution-meets-web-20/

Kietzmann, Jan H., Kristopher Hermkens, Ian P. McCarthy, and Bruno S. Silvestre. 2011. “Social Media? Get Serious! Understanding the Functional Building Blocks of Social Media.” Business Horizons, SPECIAL ISSUE: SOCIAL MEDIA, 54 (3): 241–51. https://doi.org/10.1016/j.bushor.2011.01.005

Kratz, Jessie. 2018. “Vietnam: The First Television War.” Pieces of History (blog). January 25, 2018.
https://prologue.blogs.archives.gov/2018/01/25/vietnam-the-first-television-war/

Lada, Akos, Meihong Wang, and Tak Yan. 2021. “How Does News Feed Predict What You Want to See?” Meta (blog). January 26, 2021.
https://about.fb.com/news/2021/01/how-does-news-feed-predict-what-you-want-to-see/

Lee, Eun-Ju. 2007. “Deindividuation Effects on Group Polarization in Computer-Mediated Communication: The Role of Group Identification, Public-Self-Awareness, and Perceived Argument Quality.” Journal of Communication 57 (2): 385–403. https://doi.org/10.1111/j.1460-2466.2007.00348.x

Leyrer-Jackson, Jonna M., and Ashley K. Wilson. 2018. "The Associations between Social-Media Use and Academic Performance among Undergraduate Students in Biology." Journal of Biological Education 52 (2): 221–30. https://doi.org/10.1080/00219266.2017.1307246

Linden, Gregory D., Jennifer A. Jacobi, and Eric A. Benson. 2001. Collaborative recommendations using item-to-item similarity mappings. United States US6266649B1, filed September 18, 1998, and issued July 24, 2001. https://patents.google.com/patent/US6266649B1/en

Manovich, Lev. 2020. Cultural Analytics. The MIT Press.

Marwick, Alice E. 2005. "'I'ma Lot More Interesting than a Friendster Profile': Identity Presentation, Authenticity and Power in Social Networking Services." Association of Internet Researchers 6.

Marwick, Alice E., and Danah Boyd. 2011. "I Tweet Honestly, I Tweet Passionately: Twitter Users, Context Collapse, and the Imagined Audience." New Media & Society 13 (1): 114–33. https://doi.org/10.1177/1461444810365313

McPherson, Miller, Lynn Smith-Lovin, and James M Cook. 2001. "Birds of a Feather: Homophily in Social Networks." Annual Review of Sociology 27 (1): 415–44. https://doi.org/10.1146/annurev.soc.27.1.415

Miller, D., E. Costa, N. Haynes, T. McDonald, R. Nicolescu, J. Sinanan, J. Spyer, S. Venkatraman, and X. WANG. 2016. How the World Changed Social Media. Why We Post. UCL Press: London, UK. (2016). London, UK: UCL Press. http://dx.doi.org/10.14324/111.9781910634493

Negroponte, Nicholas. 1996. Being Digital. First Edition. New York, NY: Vintage.

Olsen, Stefanie. 2006. "Google Pledges $900 Million for MySpace Honors." CNET. August 2006. https://www.cnet.com/tech/services-and-software/google-pledges-900-million-for-myspace-honors/

O'Murchu, Ina, John G. Breslin, and Stefan Decker. 2007. "Online Social and

Business Networking Communities Viral Marketing." In Concepts and Cases. IUP Publications. https://aran.library.nuigalway.ie/handle/10379/7502

O'Reilly, Tim. 2007. "What Is Web 2.0: Design Patterns and Business Models for the Next Generation of Software." SSRN Scholarly Paper. Rochester, NY. https://papers.ssrn.com/abstract=1008839

Oremus, Will, Chris Alcantara, Jeremy B. Merrill, and Artur Galocha. 2021. "How Facebook Shapes Your Feed." Washington Post. October 2021. https://www.washingtonpost.com/technology/interactive/2021/how-facebook-algorithm-works/

Oulasvirta, Antti, Tye Rattenbury, Lingyi Ma, and Eeva Raita. 2012. "Habits Make Smartphone Use More Pervasive." Personal and Ubiquitous Computing 16 (1): 105–14. https://doi.org/10.1007/s00779-011-0412-2

Pierri, Francesco, Carlo Piccardi, and Stefano Ceri. 2020. "Topology Comparison of Twitter Diffusion Networks Effectively Reveals Misleading Information." Scientific Reports 10 (January): 1372. https://doi.org/10.1038/s41598-020-58166-5

Ridings, Catherine M, David Gefen, and Bay Arinze. 2002. "Some Antecedents and Effects of Trust in Virtual Communities." The Journal of Strategic Information Systems 11 (3): 271–95. https://doi.org/10.1016/S0963-8687(02)00021-5

Romm, C., N. Pliskin, and R. Clarke. 1997. "Virtual Communities and Society: Toward an Integrative Three Phase Model." International Journal of Information Management 17 (4): 261–70. https://doi.org/10.1016/S0268-4012(97)00004-2

Shu, Catherine. 2019. "SmartNews' Latest News Discovery Feature Shows Articles from across the Political Spectrum." TechCrunch (blog). September 16, 2019. https://techcrunch.com/2019/09/16/smartnews-latest-news-discovery-feature-shows-users-articles-from-across-the-political-spectrum/

Sledgianowski, Deb, and Songpol Kulviwat. 2009. "Using Social Network Sites: The Effects of Playfulness, Critical Mass and Trust in a Hedonic Context." Journal of Computer Information Systems 49 (4): 74–83.
https://doi.org/10.1080/08874417.2009.11645342

The Society Pages. 2011. "Media Coverage of Occupy: Lessons from the Civil Rights Movement - Sociological Images." Sociological Images (blog). November 2011.
https://thesocietypages.org/socimages/2011/11/21/mediacoverageofthecivilrightsmovement/

Watts, Duncan J., and Steven H. Strogatz. 1998. "Collective Dynamics of 'Small-World' Networks." Nature 393 (6684): 440–42. https://doi.org/10.1038/30918

Wellman, Barry, Janet Salaff, Dimitrina Dimitrova, Laura Garton, Milena Gulia, and Caroline Haythornthwaite. 1996. "Computer Networks as Social Networks: Collaborative Work, Telework, and Virtual Community." Annual Review of Sociology 22 (1): 213–38. https://doi.org/10.1146/annurev.soc.22.1.213

Westen, Drew, Pavel S. Blagov, Keith Harenski, Clint Kilts, and Stephan Hamann. 2006. "Neural Bases of Motivated Reasoning: An FMRI Study of Emotional Constraints on Partisan Political Judgment in the 2004 U.S. Presidential Election." Journal of Cognitive Neuroscience 18 (11): 1947–58.
https://doi.org/10.1162/jocn.2006.18.11.1947

WIRED. 2018. " データ保護規制「GDPR」が，フェイスブックの命運を左右する ." WIRED.jp. May 20, 2018. https://wired.jp/2018/05/20/facebook-gdpr/

Worobey, Michael, Thomas D. Watts, Richard A. McKay, Marc A. Suchard, Timothy Granade, Dirk E. Teuwen, Beryl A. Koblin, Walid Heneine, Philippe Lemey, and Harold W. Jaffe. 2016. "1970s and 'Patient 0' HIV-1 Genomes Illuminate Early HIV/AIDS History in North America." Nature 539 (7627): 98–101. https://doi.org/10.1038/nature19827

Wu, Tim. 2016. The Attention Merchants: The Epic Scramble to Get Inside Our Heads. New York: Knopf.

Yardi, Sarita, and Danah Boyd. 2010. "Dynamic Debates: An Analysis of Group Polarization Over Time on Twitter." Bulletin of Science, Technology & Society 30 (5): 316–27.　https://doi.org/10.1177/0270467610380011

アーリ・ジョン　2006 『社会を越える社会学 ― 移動・環境・シチズンシップ』Translated by 吉原直樹　法政大学出版局

アンダーソン・ベネディクト　1997 『想像の共同体 ― ナショナリズムの起源と流行』 Translated by 白石さや、白石隆　NTT 出版

ウィリアムズ・レイモンド　2002 『完訳 キーワード辞典』 Translated by 椎名美智、武田ちあき、越智博美、松井優子　平凡社

ウォール＝ヨルゲンセン・カリン　2020 『メディアと感情の政治学』 Translated by 三谷文栄、山腰修三　勁草書房

エディトリアルデパートメント　2022 『スペクテイター〈50 号〉』幻冬舎

オーウェル・ジョージ　2009 『一九八四年〔新訳版〕』 Translated by 高橋和久　早川書房

オング・ウォルター・J　1991 『声の文化と文字の文化』 Translated by 桜井直文、林正寛、糟谷啓介　藤原書店

サトウタツヤ　2004 「ミルグラムの電気ショック実験 ― 日本心理学会」　公益社団法人日本心理学会（blog）　July 15 2004
https://psych.or.jp/interest/mm-01/.

サルガニック・マシュー・J　2019 『ビット・バイ・ビット：デジタル社会調査入門』Translated by 瀧川裕貴、常松淳、阪本拓人、大林真也　有斐閣

サンスティーン・キャス　2018 『# リパブリック：インターネットは民主主義になにをもたらすのか』 Translated by 伊達尚美　勁草書房

ジェンキンズ・ヘンリー　2021 『コンヴァージェンス・カルチャー ― ファンとメディアがつくる参加型文化』 Translated by 渡部宏樹、北村紗衣、阿部康人　晶文社

ズボフ・ショシャナ　2021 『監視資本主義：人類の未来を賭けた闘い』

Translated by 野中香方子　東洋経済新報社

タークル・シェリー　2018『つながっているのに孤独 人生を豊かにするはずのインターネットの正体』 Translated by 渡会圭子　ダイヤモンド社

タルド・ガブリエル　1989『世論と群集』 Translated by 稲葉三千男　未來社

パットナム・ロバート・D　2006『孤独なボウリング ― 米国コミュニティの崩壊と再生』 Translated by 柴内康文　柏書房

バラバシ・アルバート＝ラズロ　2019『ネットワーク科学 ― ひと・もの・ことの関係性をデータから解き明かす新しいアプローチ ―』 Translated by 池田裕一、井上寛康、谷澤俊弘、京都大学ネットワーク社会研究会　共立出版

パリサー・イーライ　2012『閉じこもるインターネット ― グーグル・パーソナライズ・民主主義』 Translated by 井口耕二　早川書房

フレイザー・ナンシー　1999「公共圏の再考：既存の民主主義の批判のために」In『ハーバマスと公共圏』 edited by キャルホーン・クレイグ　translated by 山本啓、新田滋　未来社

ベイル・クリス　2022『ソーシャルメディア・プリズム ― SNSはなぜヒトを過激にするのか？』 Translated by 松井信彦　みすず書房

ベンヤミン・ヴァルター　1999『複製技術時代の芸術』 Translated by 佐々木基一　晶文社

ボイド・ダナ　2014『つながりっぱなしの日常を生きる：ソーシャルメディアが若者にもたらしたもの』 Translated by 野中モモ　草思社

マクルーハン・マーシャル　1986『グーテンベルクの銀河系 ― 活字人間の形成』 Translated by 森常治　みすず書房

マクルーハン・マーシャル　1987『メディア論：人間の拡張の諸相』 Translated by 栗原裕、河本仲聖　みすず書房

マノヴィッチ・レフ　2018『インスタグラムと現代視覚文化論　レフ・マノヴィッチのカルチュラル・アナリティクスをめぐって』 Translated by 久保田晃弘、きりとりめでる　ビー・エヌ・エヌ新社

ミルグラム・スタンレー　2006 「小さな世界問題」In『リーディングス ネットワーク論』 edited by 野沢慎司　translated by 野沢慎司 、大岡栄美　勁草書房

ミルグラム・スタンレー　2008 『服従の心理』 Translated by 山形浩生　河出書房新社

ヤフー株式会社　2017 「「Yahoo! カテゴリ」サービス終了について」　ヤフー株式会社　June 29 2017　https://about.yahoo.co.jp/pr/release/2017/06/29a/

ラザースフェルド・ポール・F、ゴーデット・ヘーゼル、ベレルソン・バーナード　1987 『ピープルズ・チョイス ― アメリカ人と大統領選挙』 Translated by 有吉広介　芦書房

ラパポート・スティーブン・D.　2012 『リッスン・ファースト！ ソーシャルリスニングの教科書』 Translated by 電通ソーシャルメディアラボ　翔泳社

リースマン・デイヴィッド　1964 『孤独な群衆』 Translated by 加藤秀俊　みすず書房

リップマン・ウォルター　1987 『世論 上・下』 Translated by 掛川トミ子　岩波書店

レイモンド・エリック　1999 「伽藍とバザール」　Translated by 山形浩生　July 30 1999　https://cruel.org/freeware/cathedral.html.

レッシグ・ローレンス　2007 『CODE VERSION 2.0』 Translated by 山形浩生　第1版　翔泳社

三浦麻子　2008 「ヴァーチャル・コミュニティ」In『メディア・コミュニケーション学』 edited by 橋元良明　大修館書店

井川充雄　2022 「「コミュニケーション革命」とメディアの変遷」In『入門メディア社会学」 edited by 井川充雄、木村忠正　ミネルヴァ書房

伊藤守　2015 「メディアをめぐる知の生成」In『よくわかるメディア・スタディーズ　第2版』 edited by 伊藤守　ミネルヴァ書房

住田潮　2021 「世界をORする視線(No 3)第I部 通信・デジタル技術の発展(2) 電話機の発明と電話網（その1)」　オペレーションズ・リサーチ 66 (4): 255–62.

佐々木裕一　2018 『ソーシャルメディア四半世紀　情報資本主義に飲み込まれる時間とコンテンツ』 日本経済新聞出版社

佐藤卓己　2018 『現代メディア史　新版』 岩波書店

佐藤卓己　2020 『メディア論の名著 30』 筑摩書房

保髙隆之　2018 「情報過多時代の人々のメディア選択」　放送研究と調査 68 (12): 20–45.　https://doi.org/10.24634/bunken.68.12_20

前嶋和弘　2016 「アメリカ政治とソーシャルメディア：選挙での利用を中心に」 In『ソーシャルメディアと〈世論形成〉』 edited by 遠藤薫　170–80　東京電機大学出版局

前嶋和弘　2020 「ソーシャルメディアが変えるアメリカ政治：選挙と政策運営に注目して」 アメリカ研究 54: 137–57
https://doi.org/10.11380/americanreview.54.0_137

北村智　2021 「ネットは政治的意見への接触を偏狭にするか　安倍政権に対する支持と意見を題材に」In『ネット社会と民主主義　―「分断」問題を調査データから検証する」 edited by 辻大介　有斐閣

北田暁大　2005 『嗤う日本の「ナショナリズム」』　NHK 出版

南田勝也　2017 「iPod はコンテンツ消費に何をもたらしたか」In『デジタルメディアの社会学（第 3 版）』 edited by 土橋臣吾、南田勝也、辻泉　第 3 版　北樹出版

博報堂 DY メディアパートナーズ メディア環境研究所　2023 「メディア定点調査 2023」　May 23 2023　https://mekanken.com/data/4159/

吉見俊哉　2020 「マスの知 メディアの知」　マス・コミュニケーション研究 97: 3–16　https://doi.org/10.24460/mscom.97.0_3

吉見俊哉、若林幹夫、水越伸　1992 『メディアとしての電話　再発見される電話 ― 現代日本社会論』 弘文堂

堤未果　2018 「リップマン『世論』 ― プロパガンダの源流」In『メディアと私たち』 NHK 出版

増田直紀、今野紀雄　2006 『「複雑ネットワーク」とは何か　複雑な関係を読み解く新しいアプローチ』 講談社

大久保遼　2023 『これからのメディア論』 有斐閣

富永京子　2021 「社会運動において遅いインターネットは可能か」 遅いインターネット BY PLANETS　July 22 2021　https://slowinternet.jp/article/20210722/

小林直樹　2014 「LINE の「既読」は震災の安否確認がきっかけ、スマホから募金も」 日経クロストレンド　March 11 2014
https://xtrend.nikkei.com/atcl/case/nmg/18/03628/

山口真一　2015 「実証分析による炎上の実態と炎上加担者属性の検証」 情報通信学会誌 33 (2): 53–65　https://doi.org/10.11430/jsicr.33.2_53

山口真一　2022 『ソーシャルメディア解体全書：フェイクニュース・ネット炎上・情報の偏り』 勁草書房

山崎由佳、熊坂賢次　2011 「'東京県民'の多様な東京スタイル ― mixi の県民コミュニティにみる共有性と固有性 ― 」 情報社会学会誌 6 (1): 59–73.

山本龍彦　2017 「個人主義とセグメント主義の相剋（覚書）」 情報法制研究 2: 50–56　https://doi.org/10.32235/alis.2.0_50

山田吉二郎　2008 「マックス・ウェーバーの方法論（1）：メディア研究の方法論構築に向けて」 国際広報メディア・観光学ジャーナル 7 (November): 69–97.

岡田有花　2006a 「「mixi 疲れ」を心理学から考える」 ITmedia NEWS　July 21 2006　https://www.itmedia.co.jp/news/articles/0607/21/news061.html

岡田有花　2006b 「絵文字も空気も読めません　10 代がハマる SNS「モバゲータウン」を 28 歳（♀）が探検した：あなたの知らないインターネット」 ITmedia NEWS　November 27 2006
https://www.itmedia.co.jp/news/articles/0611/27/news033.html

平野秀秋、中野収　1975 『コピー体験の文化：孤独な群衆の後裔』 時事通信社

日本学術会議社会学委員会 Web 調査の課題に関する検討分科会　2023 「報告：

社会的ビッグデータの利活用に向けて」 September 22 2023
https://www.scj.go.jp/ja/info/kohyo/pdf/kohyo-25-h230922-5.pdf

日本経済新聞　2014 「ミクシィ、黒字140億円、4～9月営業、「モンスト」好調で。」 October 29 2014　朝刊 edition

木村忠正　2012 『デジタルネイティブの時代』 平凡社

木村忠正　2023 「メディア社会学の現在　ソーシャルデータと質的調査」In 社会情報学会（SSI）定例研究会

李美淑　2023 「SNSと政治」In『ジェンダーで学ぶメディア論』 edited by 林香里、田中東子　世界思想社

松尾豊、安田雪　2007 「SNSにおける関係形成原理 ― mixiのデータ分析 ― 」人工知能学会論文誌 22 (5): 531–41　https://doi.org/10.1527/tjsai.22.531

松山秀明　2019 「テレビにみる高度成長期の東京」 放送研究と調査 69 (1): 36–53　https://doi.org/10.24634/bunken.69.1_36

板倉陽一郎　2006 「インターネット上における「意図せぬ公人化」を巡る問題」情報処理学会研究報告　EIP［電子化知的財産・社会基盤］ 2006 (128): 9–14.

梅田望夫　2006 『ウェブ進化論 ― 本当の大変化はこれから始まる』 筑摩書房

毎日新聞　2018 「ウィキ：「エンゲル係数」ページ凍結で編集不能 その訳は」毎日新聞　February 22 2018
https://mainichi.jp/articles/20180223/k00/00m/040/076000c

水越伸　2014 『21世紀メディア論（改訂版）』 放送大学教育振興会

水越伸、飯田豊、劉雪雁　2018 『メディア論』 放送大学教育振興会

水越康介、及川直彦、日高靖、太駄健司　2012 「新しいブランドコミュニティとしてのソーシャルメディア」　マーケティングジャーナル 32 (2): 64–83.
https://doi.org/10.7222/marketing.2012.042

池辺正典、川合康央、櫻井淳　2021 「SNS を対象とした都道府県警察のサイ

バーパトロール支援システムについて」 情報教育シンポジウム論文集 2021: 196-201.

浅野智彦 2014 「SNSは「私」を変えるか ケータイ・ネットと自己の多元性」 In『ケータイの2000年代 成熟するモバイル社会』 edited by 松田美佐、土橋臣吾、辻泉 東京大学出版会

清嶋直樹 2007 「「1人で開発したmixiが、会員数1000万人の国民的インフラに」、ミクシィ 衛藤バタラ 取締役最高技術責任者」 日経クロステック (xTECH) September 3 2007
https://xtech.nikkei.com/it/article/COLUMN/20070831/280837/

清水知子 2021 「政治とメディア」In『クリティカル・ワード メディア論 理論と歴史から〈いま〉が学べる』 edited by 門林岳史、増田展大 フィルムアート社

湯田聴夫、小野直亮、藤原義久 2006 「ソーシャル・ネットワーキング・サービスにおける人的ネットワークの構造」 情報処理学会論文誌 47 (3): 865-74.

濱野智史 2015 『アーキテクチャの生態系 ― 情報環境はいかに設計されてきたか』 筑摩書房

熊坂賢次、山崎由佳 2011 「おしゃべりなロングテールの時代：東京ガールズのネットコミュニティ解析」 法學研究 84 (6): 501(54)-530(25).

田中辰雄、山口真一 2016 『ネット炎上の研究：誰があおり、どう対処するのか』 勁草書房

田代光輝、折田明子 2012 「ネット炎上の発生過程と収束過程に関する一考察 ～不具合に対する嫌がらせと決着による収束～」 情報処理学会研究報告 EIP [電子化知的財産・社会基盤] 2012 (6): 1-6.

石田英敬 2016 『大人のためのメディア論講義』 筑摩書房

総務省 2006 「消費者発信型メディアとネットワークの価値」 平成18年版 情報通信白書 July 1 2006
https://www.soumu.go.jp/johotsusintokei/whitepaper/ja/h18/html/i1510000.html

総務省　2014a 「インターネットリテラシーの重要性」 平成 26 年版 情報通信白書　July 2014
https://www.soumu.go.jp/johotsusintokei/whitepaper/ja/h26/html/nc143120.html

総務省　2014b 「2020 年へ向けて」 平成 26 年版 情報通信白書　July 1 2014
https://www.soumu.go.jp/johotsusintokei/whitepaper/ja/h26/html/nc121220.html

総務省　2015 「SNS での情報拡散の状況」 平成 27 年版 情報通信白書 July 1 2015　https://www.soumu.go.jp/johotsusintokei/whitepaper/ja/h27/html/nc242250.html

総務省　2017 「数字で見たスマホの爆発的普及（5 年間の量的拡大）」 平成 29 年版 情報通信白書　July 2017
https://www.soumu.go.jp/johotsusintokei/whitepaper/ja/h29/html/nc111110.html

総務省　2019a 「インターネットの登場・普及とコミュニケーションの変化」 令和元年版 情報通信白書　July 9 2019
https://www.soumu.go.jp/johotsusintokei/whitepaper/ja/r01/html/nd111120.html

総務省　2019b 「ネット上での炎上を巡る議論」 令和元年版 情報通信白書 July 9 2019
https://www.soumu.go.jp/johotsusintokei/whitepaper/ja/r01/html/nd114300.html

総務省　2020 「情報通信機器の保有状況」 令和 2 年版情報通信白書　August 4 2020
https://www.soumu.go.jp/johotsusintokei/whitepaper/ja/r02/html/nd252110.html

総務省　2022 「総論」令和 4 年版 情報通信白書　July 19 2022
https://www.soumu.go.jp/johotsusintokei/whitepaper/ja/r04/html/nd238110.html

総務省　2023 「7. SNS 等で自分の考え方に近い意見や情報が表示されやすいことに対する認識の有無」 令和 5 年版 情報通信白書　July 14 2023
https://www.soumu.go.jp/johotsusintokei/whitepaper/ja/r05/html/datashu.html#f00032

総務省情報通信政策研究所　2023 「令和 4 年度情報通信メディアの利用時間と情報行動に関する調査報告書」　June 2023
https://www.soumu.go.jp/main_content/000887660.pdf

荻上チキ　2007 『ウェブ炎上 ― ネット群集の暴走と可能性』 筑摩書房

菊地映輝　2020 「OPINION PAPER_No.33（20-004）「情報社会における観光は『メタ観光』で捉えよう」」　国際大学グローバル・コミュニケーション・センター　2020　https://www.glocom.ac.jp/publicity/opinion/6174

菊地映輝　2021 「ソーシャルメディアと現実空間を横断するあらたな「場所」」In『ソーシャルメディア・スタディーズ』 edited by 松井広志、岡本健　北樹出版

華金玲、白土由佳　2023 「日中韓における生成 AI「ChatGPT」の社会的関心 ― ソーシャルメディアとマスメディアのタイムラインから ― 」 情報文化学会誌 30 (1): 19-26.

西田亮介　2013 『ネット選挙 解禁がもたらす日本社会の変容』 東洋経済新報社

辰己丈夫　2000 「情報倫理と情報危機管理の視点から考えるメディアリテラシー教育」 コンピュータ＆エデュケーション 9: 21-28.
https://doi.org/10.14949/konpyutariyoukyouiku.9.21

辻大介　2008 「ケータイ、インターネットと人間関係」In『メディア・コミュニケーション学』 edited by 橋元良明　大修館書店

辻大介　2021 「ネット社会と民主主義のゆくえ」In『ネット社会と民主主義』 edited by 辻大介　有斐閣

辻泉　2011 「オンラインで連帯する」In『デジタルメディアの社会学』 edited by 土橋臣吾、南田勝也、辻泉　北樹出版

野本纏花　2013 「どのようにしてLINEは生まれたのか　日本発アプリ「LINE」を生み出したチーム」 東洋経済オンライン　August 26 2013
https://toyokeizai.net/articles/-/18011

金山弥平　2012 「プラトンと書かれたテクストの問題」 Global COE Program International Conference Series (Proceedings of the 13th International Conference), De l'hermeneutique Philosophique a l' Hermeneutique Du Texte, 131-41.

長谷川想　2023 「広告の未来はどこへ～日本の媒体別広告費の推移から考える～」 電通報　June 9 2023　https://dentsu-ho.com/articles/8591

鳥海不二夫、山本龍彦　2022 『デジタル空間とどう向き合うか 情報的健康の実現をめざして』 日経BP 日本経済新聞出版

鳴海淳義　2010 「mixiが2000万ユーザー突破 ― 6年間の軌跡を振り返る」 CNET Japan　April 14 2010　https://japan.cnet.com/article/20412079/

黄未来　2019 「TikTokが世界一の機械学習で実現させた「レコメンド」という革命」 ダイヤモンド・オンライン　November 1 2019
https://diamond.jp/articles/-/218990

【著者】

白土　由佳（しらつち　ゆか）

2007 年、慶應義塾大学環境情報学部卒業。2009 年、慶應義塾大学政策・メディア研究科修士課程修了。2012 年、慶應義塾大学政策・メディア研究科後期博士課程単位取得退学。博士（政策・メディア）。現在、文教大学情報学部メディア表現学科専任講師。

はじめてのソーシャルメディア論

2024 年　3 月　9 日　第 1 版第 1 刷発行

著　者　白土　由佳

発行者　高橋　考
発　行　三和書籍
〒 112-0013　東京都文京区音羽 2-2-2
電話 03-5395-4630　FAX 03-5395-4632
sanwa@sanwa-co.com
https://www.sanwa-co.com/
印刷／製本　中央精版印刷株式会社

SBN978-4-86251-529-2 C3004

三和書籍の好評図書

Sanwa co.,Ltd.

読書バリアフリーの世界

大活字本と電子書籍の普及と活用

野口 武悟 著　　A5 判　152 ページ
定価：本体 2,000 円＋税

大活字本、電子書籍、点字図書、音声図書、布の絵本、LL ブック、手話付きの絵本……。本を読みたくても、読むことができない状態、つまり、「本の飢餓」の問題を解消し、読書バリアフリーの世界を実現するためには、こうした「バリアフリー資料」の存在が欠かせません。

本書では、読書バリアフリーの環境を整えるために取り組まれていること、これから必要なことを紹介していきます。誰もが本を読むのに困らない社会を実現するために、私たちができることは何か、一緒に考えていきましょう。

日本の図書館事始

日本における西洋図書館の受容

新藤 透 著　　46 判　336 ページ
定価：本体 3,600 円＋税

もともと日本に存在していた「文庫」の多くは、誰でも自由に利用できる図書館（ライブラリー）ではありませんでした。一般的に、「ライブラリー」を西洋から日本にいち早く紹介したのは、福沢諭吉であると言われています。

本書は、このスタート地点から見直し、日本人と西洋式図書館との最初の接触が、天正遣欧使節にまで遡れることを詳らかにします。その後、西洋を訪れた日本人がどのような図書館を見学したのか。西洋の図書館の様子をどのように伝えたのか。本書はその具体的な様相に迫ります。

ピアジェ入門

活動と構成　子どもと学者の認識の起源について

ダニエル・アムリン，ジャック・ヴォネッシュ 編　芳賀 純，原田 耕平，岡野 雅雄 訳　　A5 判　192 ページ　定価：本体 3,000 円＋税

ピアジェは発達心理学・発生的認識論で画期的な研究を行いました。現在もピアジェの提示した基礎概念や研究法は、これらの領域で根本的に重要なものであり続けています。

本書は、ピアジェの生誕 100 年を祝して、1996 年にジュネーブで開催された展示会の内容を伝え、さらに読者がピアジェについての知識を深めてゆく手引きとなるように作成されました。